W0351545

Du sel, du citron, du vinaigre, du bicarbonate de soude

© 2009 by Quirk Packaging, Inc
Publié pour la première fois au États-Unis par Metro Books, en accord avec Quirk Packaging Inc, sous le titre
Salt, lemon, vinegar & baking soda

© Hachette Livre (Marabout) pour la traduction et l'adaptation française.
Traduction : Frédérique Corre

Les droits de cession de ce livre ont été négocié par l'intermédiaire de l'agence littéraire Sea of Stories
www.seaofstories.com
sidonie@seaofstories.com

Shea Zukowski

Du sel, du citron, du vinaigre, du bicarbonate de soude

250 recettes naturelles pour la maison

MARABOUT

sommaire

introduction

On trouve désormais des centaines de produits portant la mention « Écologique » – réponse naturelle à l'attente des consommateurs qui veulent des produits moins agressifs pour la planète et une vie dans un environnement plus propre et plus sain. Eh bien, on peut faire du bien à la planète sans dépenser une fortune. Vous avez déjà sans doute en votre possession les quatre produits naturels nécessaires pour effectuer vos tâches ménagères. Alors, au lieu d'acheter des tas de produits différents, faites plutôt des stocks de ces quatre produits miracles !

Voici le quatuor magique : le sel, le citron, le vinaigre et le bicarbonate de soude. Ils vont vous servir absolument pour tout : cuisiner, entretenir le linge, faire le ménage, s'occuper des animaux de compagnie, lors des activités de plein air et même embellir sa peau ! Ils sont bon marché et écologiques et ont un nombre incalculable d'usages, seuls, en association les uns avec les autres, ou avec un autre produit de base. Vous trouverez ci-après une brève présentation de ces produits aussi miraculeux que polyvalents. Pour creuser un peu plus la question, reportez-vous aux différents chapitres.

Le sel

Quand on parle du sel, on pense naturellement à la nourriture. Il faut dire que le salé est l'une des quatre saveurs de base (les autres étant le sucré, l'amer et l'acide). Pendant des milliers d'années, il a été un véritable facteur de survie car il conserve très bien la nourriture. Autrefois, le sel était d'ailleurs si précieux et si rare dans certaines régions du monde qu'il faisait l'objet d'un commerce et servait même de monnaie aux peuples anciens qui l'échangeaient contre de l'or.

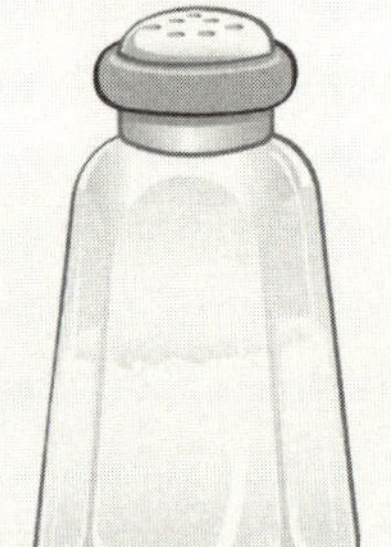

Le citron

Comparé au sel, il y a peu de sortes de citrons (la plupart de ceux vendus aujourd'hui se ressemblent tous), mais les possibilités d'utilisation de ce fruit étonnant sont multiples. Le citron a un pouvoir blanchissant léger qui le rend très pratique pour enlever les taches des vêtements et des tissus. Combiné au sel ou au bicarbonate de soude, il nettoie et fait briller mieux que beaucoup de produits industriels. De plus, c'est aussi un produit de soins peu onéreux pour s'éclaircir les cheveux ou atténuer les taches de vieillesse. Et, pour couronner le tout, le citron a un parfum frais, revigorant... et 100 % naturel !

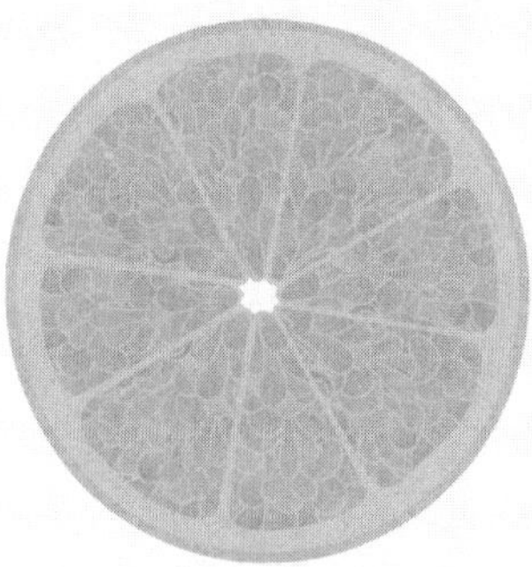

Le vinaigre

Le vinaigre est vraiment étonnant tant par ses usages que par sa provenance. En fait, tous les aliments contiennent du sucre et de l'amidon pouvant être transformés en alcool et donc en vinaigre. Utilisé comme nettoyant ménager, il détruit les bactéries et laisse pratiquement toutes les surfaces de la cuisine et de la salle de bains étincelantes et désinfectées. Autre raison de son succès : ses pouvoirs adoucissant et détachant pour le linge. Et, à l'extérieur, c'est le meilleur ami du jardinier.

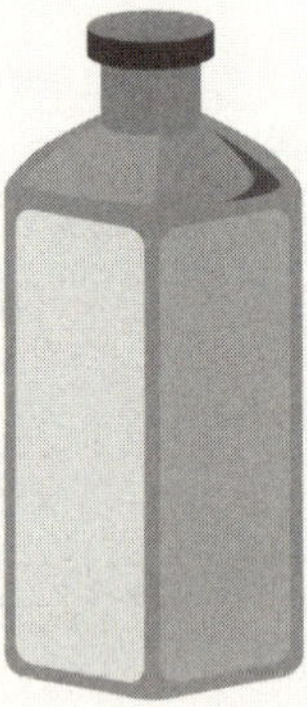

Le bicarbonate de soude

Le bicarbonate de soude peut rendre mille et un services dans la maison. Il améliore l'efficacité des lessives ordinaires et aide à enlever les taches avant qu'elles aient le temps de s'incruster dans les tissus. Il a aussi l'étonnante propriété d'absorber les odeurs déplaisantes dans les moindres recoins (toilettes, vieilles chaussures, vieux livres, poubelles, et même... chien mouillé !). Et comme il est légèrement alcalin, il permet de circonscrire facilement et sans danger un début d'incendie ou de neutraliser l'acide d'une batterie. Quand je vous disais qu'il savait tout faire !

De quoi d'autre avez-vous besoin ?

Pour utiliser au mieux ces quatre merveilleux produits, procurez-vous aussi :

• ***Un verre doseur :*** il est indispensable pour réaliser les recettes de ce livre, surtout si vous ne disposez pas d'une balance. De préférence, choisissez-en un dont la graduation commence à 50 grammes. Concernant la quantité requise des ingrédients, nous avons opté, pour plus de commodité, pour les mesures en cuillères à café et en cuillères à soupe lorsque ces quantités sont inférieures à 40 grammes. Lorsque ces quantités sont égales ou supérieures, nous donnons les mesures en grammes et en millilitres (ou litres). Pour les toutes petites quantités (de 1 à 4 grammes), nous disons « pincée » (1 pincée de sel, par exemple) ; et enfin, quand la quantité n'est pas fondamentale, nous disons « poignée » (1 poignée de bicarbonate de soude, par exemple).

• ***Des brosses et des éponges :*** faites un stock de brosses de différentes tailles. Vous devez avoir au minimum une petite brosse à poils doux (comme une brosse à ongles) et une brosse à tout faire. Pour les éponges : prévoyez-en plusieurs avec une face abrasive ainsi qu'une grosse éponge bien épaisse capable d'absorber beaucoup d'eau pour laver de grandes surfaces.

• ***Des seaux, des chiffons et du tissu en mousseline :*** pour les jours de grand ménage, prévoyez un seau de 7,5 litres en plastique et muni d'une poignée. Si vous avez la fibre écolo très développée, utilisez du papier absorbant. Sinon, préférez les chaussettes usagées, les vieux chiffons et vieilles serviettes, qui vous seront utiles dans la plupart des cas. Prévoyez également de la mousseline, de préférence en coton, pour conserver certains aliments, ainsi que de l'étamine à fromage, pour filtrer.

• ***De la Maïzena :*** d'une texture soyeuse et constituée de l'amidon du maïs en grain, elle est très efficace contre les grumeaux quand on la mélange avec des ingrédients secs. Elle est surtout appréciée pour son pouvoir épaississant et absorbant, même si elle a de nombreux autres usages.

• ***De la crème de tartre :*** sous-produit de la fabrication du vin, la crème de tartre est une poudre blanche qu'on utilise en cuisine pour sa légère acidité et qui est indispensable pour actionner les pouvoirs de levain du bicarbonate de soude. Elle sert aussi à détacher les cuirs.

• ***Du liquide vaisselle :*** la plupart des recettes de nettoyants contiennent quelques gouttes de liquide vaisselle. Pour de meilleurs résultats, choisissez une marque bio avec une formule dégraissante.

• ***Des huiles essentielles :*** certaines recettes de nettoyants et de produits de soins nécessitent des huiles essentielles. Le plus souvent, elles ne sont pas indispensables, mais, si vous aimez leur odeur, vous apprécierez sans doute d'en avoir quelques-unes en réserve. Rangez-les dans un endroit frais et sombre et ne les appliquez jamais directement sur la peau car elles sont très concentrées.

• ***De l'eau oxygénée :*** encore un produit bien utile. Et si vous avez un chien, ayez toujours une bouteille neuve sous la main pour lui nettoyer les oreilles ou le laver s'il s'est fait asperger par un putois.

• ***De l'alcool isopropylique (ou isopropanol) :*** ce produit s'achète essentiellement par le biais d'Internet. Pour un meilleur effet désinfectant, procurez-vous la formule la plus simple, sans odeur ni colorant.

Et de quoi encore ?

• ***De la lessive :*** il est conseillé d'avoir plusieurs sortes de lessives non parfumées et qui respectent les couleurs (ces lessives ne contiennent pas d'eau de Javel).

• ***De l'huile de lin :*** fabriquée à partir de graines de lin mûres et séchées, l'huile de lin est très utilisée pour la peinture à l'huile, l'entretien du bois et celui du cuir.

• ***De l'huile d'olive :*** en cuisine, l'huile d'olive est le pendant naturel du vinaigre, avec autant de variétés que de fluctuations de prix sur les étiquettes. Dans la maison, elle sert à nourrir le bois et le cuir. Vous pouvez très bien utiliser des huiles bas de gamme du moment qu'elles sont pures.

• ***Des boîtes de rangement :*** selon vos projets ou l'ampleur de la tâche, vous allez sans doute réaliser souvent les recettes de ce livre. La plupart des produits que vous allez obtenir se conservent dans des récipients à couvercle en plastique, mais pour les sprays, il faut des vaporisateurs que l'on trouve au rayon « Beauté » des grands magasins ou dans les parfumeries. Pensez à étiqueter chaque récipient avec précision si vous désirez les garder et à noter leur date de fabrication, puis rangez-les hors de portée des petites mains ou des animaux de compagnie.

• ***Autres produits utilisés au moins une fois dans les recettes :***

alcool à 90°

ammoniaque

eau déminéralisée

eau distillée

film alimentaire

huile d'amande douce

papier aluminium

tissu en étamine

eau de Seltz

marc de café

coton

colorant alimentaire

papier cuisson

huile essentielle de rose

sucre

huile végétale

Avant de commencer...

L'efficacité des recettes ancestrales et certifiées sans danger qui sont proposées dans ce livre a depuis longtemps été prouvée. Néanmoins, il est bon de garder ce qui suit en tête :

• ***Ne prenez pas de risques inutiles :*** ces recettes utilisent des ingrédients de base qui sont relativement inoffensifs quand on les utilise seuls. On ne peut toutefois prévoir de quelle façon ils vont réagir sur telle ou telle matière. Alors, réfléchissez bien avant de nettoyer vos objets préférés et n'hésitez pas à confier vos bibelots de valeur ou vos meubles anciens à des professionnels.

• ***Faites un test préliminaire :*** une grande partie des recettes de ce livre a été testée par des générations de ménagères et les ingrédients qu'elles requièrent sont certainement les mêmes que ceux qu'utilisait votre grand-mère. Faites tout de même un essai à un endroit peu visible afin de voir comment ils agissent avant de poursuivre.

• ***Suivez les indications données :*** vous pouvez tout à fait modifier les quantités indiquées dans ces recettes (par exemple, pour avoir un produit plus concentré en cas de taches rebelles), mais n'ajoutez pas d'autres ingrédients au mélange pour le rendre plus performant. L'alliance du vinaigre et de l'eau de Javel, notamment, peut produire des vapeurs toxiques.

• ***Utilisez des récipients adaptés :*** sauf indication contraire, préparez systématiquement vos produits dans des récipients en plastique ou en verre (certains métaux réagissent au contact de certains produits).

• ***Travaillez vite et frottez légèrement :*** en ce qui concerne les produits détachants, il y a deux règles d'or à respecter. Plus une tache est ancienne, plus elle est difficile à enlever. Et même si l'on a une furieuse envie de la faire disparaître, il faut toujours garder la main légère car, en frottant trop énergiquement, on peut user le tissu et, dans certains cas, y faire pénétrer la tache davantage.

• ***Consultez un médecin :*** si vous avez la peau fragile ou si vous suivez un traitement particulier, demandez l'avis de votre médecin avant d'utiliser les produits de soins mentionnés dans ce livre. Les conseils donnés ne sauraient, en effet, se substituer à ceux d'un professionnel de santé.

« Le sel est né des plus purs des parents : le soleil et la mer. » Pythagore, philosophe grec (v. 570-v. 480 avant J.-C.)

« De toutes les saveurs que nous mangeons, le sel est indispensable ; quels que soient les lieux où nous allons, c'est notre mère que nous chérissons le plus. » Proverbe chinois

« Le sel est le gardien du goût : il maintient toutes les saveurs d'un plat en place et empêche les plus fortes de dominer les plus faibles. » Malcolm de Chazal, écrivain mauricien (1902-1981)

le sel

Le sel est un minéral naturel composé de deux éléments : le sodium et le chlorure qui, quand ils se combinent, forment le chlorure de sodium ou NaCl. Il est présent en abondance partout dans le monde et est nécessaire au bon fonctionnement de l'organisme. Le sel que nous utilisons a deux origines principales : la mer, qui en contient des quantités quasi infinies, et les dépôts souterrains (ou sel gemme) laissés par les océans primaires. Pour extraire le sel de l'eau de mer, on fait bouillir ou s'évaporer celle-ci. Quant au sel provenant des dépôts souterrains, il est extrait dans des mines. On a même trouvé du sel sur des météores et sur Mars.

Le sel a des teintes variées : il est incolore lorsqu'il est sous la forme liquide et peut devenir blanc, gris, rose ou brun quand il est sous la forme solide. Il se dissout facilement dans l'eau. Ses cristaux ont des tailles très diverses et les fabricants de sel en produisent de toutes sortes pour répondre aux besoins des consommateurs. Plus de 200 millions de tonnes de sel sont utilisées chaque année pour l'usage domestique ou industriel.

Brève histoire du sel

Le sel a tellement pesé sur l'histoire des hommes qu'on a fait des guerres pour en obtenir car contrôler les réserves en sel d'un pays revenait à influer sur le destin de ses habitants. Sans un accès facile au sel, les peuples devenaient plus vulnérables. Et comme aucune culture ne peut pousser sur des terres salées, le sel était même utilisé comme une arme à long terme. Ainsi, en 250 avant J.-C., les Carthaginois acceptèrent que les Grecs et les Romains prennent le contrôle des réserves de sel de la Méditerranée. Ce fut une grave erreur puisque ceux-ci recouvrirent leurs terres de sel pour les rendre impropres à la culture.

On exploitait déjà le sel 6 000 ans avant J.-C. au nord de la Chine et on sait que les Égyptiens faisaient évaporer de l'eau de mer pour produire le sel nécessaire à la conservation de la viande, du poisson... et des momies. Les Étrusques, les Romains, les Carthaginois et les Celtes extrayaient aussi le sel par évaporation. Les premières grandes routes commerçantes longeaient les gisements de sel tandis que des villes poussaient près des centres de production. Nos ancêtres s'en servaient non seulement pour conserver et parfumer leur nourriture mais aussi pour fabriquer des objets en cuir, des textiles et des poteries. À la révolution industrielle, le sel est devenu un produit majeur de l'industrie et, aujourd'hui encore, les entreprises l'emploient de plus de 14 000 façons.

Les propriétés du sel

Dans la plupart des maisons, le sel n'est utilisé que pour la cuisine et le ménage. Les bactéries et les enzymes sont les principaux responsables du pourrissement des aliments, pourrissement que le sel peut stopper – d'où son rôle d'agent conservateur naturel. Les bactéries sont incapables de se reproduire et de se nourrir dans un milieu salé, et la présence de sel dans la nourriture peut aussi retarder l'action conjuguée de certaines enzymes.

Les propriétés du sel en font un super-agent nettoyant dans toute la maison avec toutes sortes d'applications fantastiques. Lorsqu'on l'utilise sous forme sèche (non dissoute), le sel a un léger pouvoir abrasif et peut donc servir à nettoyer du matériel de cuisine sans le rayer. Il absorbe aussi très bien et éponge en un clin d'œil les petites coulures. Dissout dans de l'eau, il forme une solution capable d'enlever des taches à base de protéines, notamment celles du sang et de la sueur.

Quand on dissout du sel dans de l'eau, cela freine le mouvement des molécules d'eau et augmente donc son point d'ébullition car il faut plus d'énergie pour que l'eau se transforme en vapeur. Le sel empêche ainsi l'eau de former des cristaux : en abaissant le point à partir duquel l'eau se transforme en glace, il permet d'éviter la formation de verglas.

« Un homme doit manger un muid de sel [environ 2,4 m^3] avec son ami avant de le connaître. »

Miguel de Cervantès, écrivain espagnol (1547-1616)

Les principales sortes de sels

Le sel existe dans un grand nombre de variétés, qu'il soit raffiné ou non. On trouve aussi du sel de table non iodé.

Les sels raffinés

Presque exclusivement constitués de sodium et de chlorure, ce sont les sels les plus utilisés. On les obtient en purifiant du sel brut selon un procédé qui le débarrasse des oligoéléments et change sa structure chimique pour en faire des petits grains.

• ***Le sel de table :*** également appelé « sel iodé », il est le plus courant. Il contient un anti-agglomérant l'empêchant de former des grumeaux en milieu humide et il est aussi souvent enrichi en iode pour lutter contre les maladies de la thyroïde.

• ***Le sel casher :*** moins raffiné que le sel de table et sans additifs (c'est-à-dire sans anti-agglomérants), il est reconnaissable à ses grands flocons irréguliers (issus du processus de compactage) qui lui permettent d'absorber rapidement le sang quand on en met sur de la viande. Il a un goût plus salé que les autres et remplace le sel de table dans de nombreuses recettes. La structure et la surface plane de ses flocons le font se dissoudre facilement et diffuser un parfum plus subtil.

Les sels non raffinés

Dans son état naturel, le sel n'est pas raffiné. Quel que soit son mode d'extraction, il est juste lavé et filtré. Contrairement aux sels raffinés, il conserve ses oligoéléments.

• ***Le sel de mer :*** comme son nom l'indique, il est directement issu de l'évaporation de l'eau de mer. Certains le disent plus sain que les sels de table ordinaires car il contient toujours des oligoéléments. Il existe toutes sortes de sels de mer dont des sels spéciaux comme la fleur de sel, très appréciés par les cuisiniers pour leur goût, leur couleur et leur texture délicate.

• ***Le sel gemme :*** aussi appelé « halite », il constitue la forme minérale du chlorure de sodium. Extrait dans des mines, il est impropre à la consommation quand il est utilisé tel quel car il n'est pas assez purifié. Il sert notamment à faire fondre la glace sur les routes et les trottoirs ou à réaliser des crèmes glacées.

• ***Le sel d'Epsom :*** bien qu'il ressemble à du sel et en possède le nom, il est composé de sulfate de magnésium et non pas de chlorure de sodium. Il a été extrait pour la première fois des eaux d'Epsom en Angleterre à l'époque de Shakespeare et il entre surtout dans la composition des sels de bain ou dans la fabrication de certains soins.

D'OÙ VIENT LE MOT « SEL » ?

Le mot « sel » dérive du mot *salt*, provenant lui-même de « salaire » ou *salarium* en latin, terme qui désignait la paie que recevaient les soldats des armées romaines. Leur paie était, en effet, composée en grande partie de sel.

Dans la cuisine

• Conserver un fromage à pâte dure

- 1 CUILLÈRE À SOUPE DE SEL
- 125 ML D'EAU CHAUDE
- 1 TISSU EN MOUSSELINE

Pour faire des économies, on peut avoir envie d'acheter une grosse part de fromage à pâte dure, comme le parmesan, au lieu de le prendre en petits morceaux. Le problème, c'est qu'il risque de moisir avant que vous n'ayez pu le terminer. Voici une recette de grand-mère pour le conserver plus longtemps... Faites une saumure en dissolvant le sel dans de l'eau chaude. Trempez-y la mousseline, tordez-la jusqu'à ce qu'elle soit juste humide et enveloppez votre fromage dedans. Placez le fromage sur un plateau au fond du réfrigérateur.

• Éteindre une poêle en feu

- 300 G DE SEL
- 1 COUVERCLE

Si votre poêle s'enflamme quand vous faites la cuisine, versez du sel dessus avant de la recouvrir avec un couvercle. N'essayez sur-

LE SEL : QUE FAIT-IL D'AUTRE ?

Relever la saveur des fruits Mettez 1 pincée de sel sur les fruits frais, tels le melon ou les fraises, afin d'en faire ressortir le goût sucré.

tout pas d'éteindre le feu avec de l'eau car cela ne ferait qu'aggraver les choses.

Voir aussi : Prévenir le feu dans un four (bicarbonate de soude), p. 139.

• Rafraîchir du vin

- 150 G DE SEL
- 1 SEAU À GLACE
- DE L'EAU

Vous avez oublié de mettre votre bouteille de vin au réfrigérateur pour le dîner ? Rafraîchissez-la en quelques minutes avec un peu de sel... Remplissez d'eau un seau à glace et ajoutez le sel. Placez la bouteille de vin bien au centre et, au bout de 10 minutes, il sera frais à souhait.

• Réaliser une saumure pour le porc et la volaille

- 150 G DE SEL CASHER
- 50 G DE SUCRE
- 4 L D'EAU
- 1 TORCHON

Pour donner un petit parfum et attendrir le poulet, la dinde et le porc, faites-les mariner dans de la saumure avant de les cuisiner. En emprisonnant l'humidité, elle empêchera les tranches de sécher et leur conservera leur jus et leur saveur. Voici une recette de saumure tout ce qu'il y a de plus simple... Dans un récipient, faites fondre le sel et le sucre dans de l'eau chaude. Immergez-y complètement la viande et laissez reposer au réfrigérateur pendant au moins 4 heures (mais pas plus de 24 heures). Rincez et séchez avec un torchon avant de les cuisiner ou de les faire griller. N'hésitez pas à la parfumer avec, par exemple, du vinaigre de cidre, des oignons, des feuilles de laurier, du poivre en grains selon vos envies.

CONSEIL : surveillez la cuisson avec un thermomètre spécial cuisine car la saumure a tendance à accélérer la cuisson.

• S'assurer de la fraîcheur d'un œuf

- 40 G DE SEL
- 500 ML D'EAU

Difficile d'évaluer la fraîcheur d'un œuf juste en regardant sa coquille ! Et pourtant, c'est facile, grâce à ce petit test... Faites fondre le sel dans un récipient d'eau et plongez-y délicatement l'œuf. S'il flotte, c'est qu'il n'est plus tout frais (car cela montre qu'il est resté dehors assez longtemps pour que l'air pénètre à travers sa coquille). S'il coule au fond de l'eau, c'est qu'il est encore assez frais.

Pour le linge et les vêtements

• Déjaunir des draps

- 1 CUILLÈRE À SOUPE DE SEL
- 55 G DE BICARBONATE DE SOUDE
- 4 L D'EAU

Les produits blanchissants du commerce peuvent sérieusement endommager les fibres des tissus. Voici une méthode plus douce et très facile pour redonner de l'éclat à votre linge... Faites bouillir l'eau dans une grande marmite. Ajoutez le sel et le bicarbonate de soude puis mélangez jusqu'à ce qu'ils soient bien dissous. Ajoutez votre linge et faites-le chauffer à petits bouillons pendant une heure en vous assurant qu'il est toujours bien immergé. Rincez abondamment à l'eau froide et essorez bien. Pour de meilleurs résultats, faites-le sécher au soleil. N'hésitez pas à doubler ou à tripler les quantités pour les grosses pièces.

Voir aussi : Nettoyer un vêtement en coton blanc (citron), p. 67.

• Fixer les couleurs

- 150 G DE SEL
- 250 ML DE VINAIGRE
- DE LA LESSIVE SPÉCIAL COULEURS

Vous adorez la couleur de vos nouveaux draps ou de vos nouvelles serviettes et vous ne voulez pas qu'elle passe avec le temps. La solution ? Un peu de sel et de vinaigre. Avant d'utiliser votre linge de maison pour la première fois, remplissez votre machine à laver d'eau froide, ajoutez le sel, le vinaigre et la lessive, puis attendez quelques minutes, le temps que le sel fonde. Mettez votre linge de maison dans la machine avec une petite charge de vêtements de couleur analogue. N'hésitez pas à doubler la quantité de vinaigre et de sel si les couleurs sont très vives.

LE SEL : QUE FAIT-IL D'AUTRE ?

Empêcher une machine à laver de déborder Qui n'a jamais ri en voyant une machine à laver vomir de la mousse dans un film ? Mais quand cela arrive dans la vraie vie parce qu'on a mis trop de lessive, c'est une autre affaire, surtout si celle-ci est plus concentrée qu'à l'ordinaire. Dans ce cas, ajoutez 300 g de sel dans le tambour. Et si ça ne suffit pas, recommencez !

Ôter des taches de vin rouge Si vous apercevez des gouttes de vin rouge sur votre nappe, pas la peine d'en faire tout un plat ! Utilisez la même technique que celle décrite pour « Nettoyer de l'œuf » (voir p. 46) : saupoudrez-les de sel pour qu'il les absorbe et les empêche de s'étaler et mettez rapidement votre nappe dans la machine à laver.

Voir aussi : Ôter des taches de vin rouge (bicarbonate de soude), p. 157.

• Recolorer des mi-bas en nylon

- 300 G DE SEL
- 2 L D'EAU

Voici un vieux truc pour recolorer des mi-bas en nylon qui devraient théoriquement être de la même couleur mais qui ont vieilli différemment… Faites chauffer l'eau dans une grande marmite et ajoutez le sel. Quand il est dissous, plongez-y vos mi-bas et faites-les doucement bouillir pendant 10 minutes. Enlevez la marmite du feu et laissez refroidir à température ambiante. Rincez abondamment pour enlever le sel. Faites sécher sur un fil et vous obtiendrez… des mi-bas parfaitement assortis !

Pour la santé et la beauté

• Apaiser un mal de gorge

- 1 CUILLÈRE À CAFÉ DE SEL
- 250 ML D'EAU CHAUDE

Dans un récipient, versez le sel et l'eau chaude et mélangez jusqu'à ce qu'il soit complètement dissous. Faites un gargarisme avec cette préparation en la gardant 5 à 10 secondes dans la bouche sans l'avaler. Recommencez 2 à 3 fois par jour pour permettre au sel de calmer l'inflammation.

Voir aussi : Apaiser un mal de gorge (citron), p. 72.

• Dégager les sinus

- 3 PINCÉES DE SEL
- 60 ML D'EAU CHAUDE

Avec l'hiver et le froid, on peut avoir le nez tellement bouché que même de fréquents mouchages n'y changent rien. La solution pour fluidifier et dégager tout cela ? Une solution saline à utiliser plusieurs fois par jour... Dans un récipient, faites fondre le sel dans de l'eau chaude puis laissez la préparation refroidir jusqu'à ce qu'elle soit à la même température que le corps (environ 37 °C). Versez-en un peu dans le creux de la main et respirez-la avec la narine prise en bouchant l'autre avec un doigt. Répétez l'opération autant de fois que nécessaire.

• Enlever des sangsues

• 1 POIGNÉE DE SEL

Qu'il est bon de piquer une tête dans une rivière ou dans un lac ! Sauf si l'on en ressort couvert de sangsues. Pour vous en débarrasser, saupoudrez-les de sel. Comme les sangsues libèrent un puissant anesthésiant quand elles s'attachent à la peau, vous ne sentirez rien ; mais pour éviter que cela ne s'infecte, soignez-vous comme pour une coupure ou une égratignure.

• Réaliser un bain de pieds

• 60 G DE SEL D'EPSOM
• 60 G DE BICARBONATE DE SOUDE
• 4 L D'EAU CHAUDE

Envie de soulager vos pieds fatigués ? Essayez cette recette de grand-mère... Faites dissoudre le sel et le bicarbonate dans une grande bassine d'eau chaude. Plongez-y vos pieds et laissez-les tremper aussi longtemps que cela vous est agréable. Ils en ressortiront tout frais et revigorés avec, en plus, des cals ramollis.

Voir aussi : Faire briller ses ongles (citron), p. 75 ; Soulager ses muscles (vinaigre), p. 110 ; Réaliser un bain de pieds ou de mains (bicarbonate de soude), p. 147.

POUR NETTOYER LES FOSSES NASALES : LE POT DE NETI

Le pot de Neti est une sorte de mini théière en céramique ou en plastique, efficace pour dégager les sinus. Son utilisation est recommandée aux gens souffrant de sinusites chroniques. Employé en Inde depuis des siècles dans la médecine ayurvédique, il s'achète dans le commerce. Versez la solution décrite ci-dessus dans un pot de Neti et suivez les instructions du fabricant.

• Réaliser un gommage hydratant visage et corps

- 60 G DE SEL MARIN
- 75 ML D'HUILE D'AMANDE DOUCE
- 5 GOUTTES D'HUILE ESSENTIELLE DE LAVANDE (FACULTATIF)
- 1 PETITE SERVIETTE

Prenez soin de votre beauté avec ce produit 100 % naturel... Mettez du sel marin dans un petit récipient en plastique et versez-y l'huile d'amande douce ainsi que l'huile essentielle de lavande, si vous le souhaitez (si vous mélangez le tout, le sel va vite tomber au fond alors que, s'il est juste imbibé d'huile, il va s'en imprégner peu à peu). Ensuite, sur peau humide, massez-vous doucement à l'aide de cette mixture en évitant le contour des yeux et les zones sensibles. Rincez abondamment et séchez-vous en tapotant avec une serviette. Conservez ce gommage dans une boîte hermétique, à l'abri de la chaleur et de la lumière.

Voir aussi : Réaliser un gommage pour le visage (bicarbonate de soude), p. 148.

• Réaliser un soin pour les cheveux

- 3 CUILLÈRES À SOUPE DE SEL D'EPSOM
- 45 ML D'APRÈS-SHAMPOOING

Le sel d'Epsom peut aider à transformer un simple après-shampooing en un traitement de fond pour donner chaque mois du corps et du brillant (et des boucles, si vous avez une permanente) à vos cheveux… Mélangez l'après-shampooing et le sel dans un petit bol. Faites chauffer au four à micro-ondes durant 20 secondes et mélangez bien pour que les deux ingrédients s'interpénètrent. Lavez vos cheveux puis appliquez le mélange chaud sur les longueurs et les pointes. Laissez agir 20 minutes. Rincez abondamment à l'eau chaude.

LE SEL : QUE FAIT-IL D'AUTRE ?

Lutter contre les pellicules Les pellicules ne sont ni plus ni moins que des cellules mortes. Pour les décoller en douceur avant le shampooing, frottez-vous le crâne avec du sel de table. Ses cristaux étant beaucoup plus petits que les tiges ou les poils d'une brosse, ils agissent plus uniformément et se dissolvent très vite quand on se rince les cheveux. Pour finir, lavez-vous la tête avec un peu moins de shampooing qu'à l'accoutumée car le sel risque de le faire mousser davantage. (Cette opération est plus facile à réaliser sur cheveux courts.)

Voir aussi : Lutter contre les pellicules et les cheveux gras (citron), p. 76 ; Lutter contre les pellicules et les cheveux gras (bicarbonate de soude), p. 147.

LE SEL : QUE FAIT-IL D'AUTRE ?

Réaliser un gommage après la douche ou le bain Pour avoir une peau brillante et saine, éliminez les cellules mortes avec ce gommage au sel... Après le bain, dans la douche ou la baignoire, frottez-vous avec quelques poignées de sel en insistant particulièrement sur les zones dures (coudes et genoux notamment) et en évitant les zones sensibles. Rincez abondamment à l'eau tiède et séchez délicatement.

Voir aussi : Réaliser un gommage pour le visage (bicarbonate de soude), p. 148.

Voir aussi : Éclaircir ses cheveux (citron), p. 74 ; Réaliser une eau de rinçage (citron), p. 77 ; Réaliser une eau de rinçage aux fleurs (vinaigre), p. 109 ; Le bicarbonate de soude : que fait-il d'autre ?, p. 150.

• Réaliser un soin pour les yeux

- 3 PINCÉES DE SEL
- 1 L D'EAU CHAUDE
- 2 DISQUES DE COTON

Les yeux gonflés sont souvent dus à une alimentation trop salée. Et pourtant, on peut les faire dégonfler avec... une solution saline ! Dans un récipient, versez le sel et l'eau chaude puis trempez-y le coton. Allongez-vous, fermez les yeux et posez les disques de coton sur vos paupières pendant 10 minutes. Détendez-vous. Au bout de ce laps de temps, vos yeux auront dégonflé.

L'IMPORTANCE DU SEL POUR L'ORGANISME

Le sel est vital pour la santé car il régule l'équilibre des fluides dans le corps. Les fringales de sel peuvent être dues à une déficience en oligoéléments ou en chlorure de sodium. Malheureusement, avec la prolifération de plats préparés riches en sel, on en consomme souvent beaucoup trop – d'où une augmentation du nombre de maladies comme l'hypertension.

• Retirer une écharde

- 60 G DE SEL D'EPSOM
- 2 L D'EAU CHAUDE

Au lieu d'utiliser une aiguille pour ôter l'écharde qui s'est plantée dans votre doigt ou votre pied, essayez cette méthode douce... Dans un récipient, mélangez le sel et l'eau chaude puis trempez-y la main ou le pied lésés pendant 15 minutes. Le sel va assouplir la peau sans la rider, comme au sortir d'un bain – ce qui vous permettra de retirer l'écharde plus facilement.

Pour le ménage, l'entretien et le petit bricolage

• Boucher des trous dans un mur

- 40 G DE SEL
- 2 CUILLÈRES À SOUPE DE MAÏZENA
- 5 CUILLÈRES À CAFÉ D'EAU
- 1 PETITE SPATULE
- DU PAPIER DE VERRE
- DE LA PEINTURE

À quoi bon acheter de la pâte spéciale pour reboucher quelques malheureux trous de clous dans un mur quand on peut le faire avec cette recette maison ? Ajoutez le sel, la Maïzena et l'eau dans un petit bol et mélangez jusqu'à l'obtention d'une pâte épaisse. Appliquez-la sur les trous avec la spatule et laissez sécher. Frottez légèrement avec du papier de verre pour bien lisser puis donnez un coup de peinture identique à la couleur de votre mur.

• Déboucher une canalisation

- 150 G DE SEL
- 220 G DE BICARBONATE DE SOUDE
- 1 L D'EAU BOUILLANTE

Quand l'évier met du temps à se vider, cela est souvent dû à de la graisse qui s'accumule dans les canalisations. Au lieu d'utiliser la manière forte (les déboucheurs chimiques) et de risquer d'endommager votre tuyauterie, testez ce mélange de sel et de bicarbonate de soude... Versez d'abord le sel dans la canalisation bouchée et ensuite le bicarbonate. Laissez le mélange agir quelques heures (toute la nuit, dans l'idéal). Puis versez de l'eau bouillante dans la canalisation pour la rincer.

Voir aussi : Déboucher une canalisation (vinaigre), p. 112 ; et Déboucher une canalisation (bicarbonate de soude, p. 151).

• Désodoriser une bouteille Thermos ou une glacière

• 3 POIGNÉES DE SEL

Le sel a, naturellement, des propriétés désodorisantes pouvant faire des merveilles contre les odeurs qui se développent dans les récipients fermés. Il suffit d'en jeter quelques poignées à l'intérieur, laisser agir 24 heures puis rincer à l'eau. Mieux encore : prenez l'habitude de mettre un peu de sel dans votre bouteille Thermos ou votre glacière avant de les ranger. N'oubliez pas de les rincer avant de vous en resservir.

Voir aussi : Désodoriser des bocaux (vinaigre), p. 113.

• Désodoriser une pièce

• 300 G DE SEL
• 1 BRIN DE LAVANDE FRAÎCHE
• 3 À 5 GOUTTES D'HUILE ESSENTIELLE DE LAVANDE (FACULTATIF)

Mélangez le sel, les fleurs de lavande et l'huile essentielle, si vous le désirez, dans un joli pot ou un joli bocal pour réaliser un désodorisant. L'odeur va être forte les premiers jours. Quand elle se sera dissipée, il suffira de remuer le mélange pour la réactiver. Ensuite, vous pourrez toujours le verser dans l'eau de votre bain !

Voir aussi : Parfumer les armoires et les penderies (citron), p. 69 ; Réaliser un désodorisant maison (citron), p. 87 ; Le bicarbonate de soude : que fait-il d'autre ?, p. 144.

COMMENT LE SEL A AIDÉ À BATTRE DES RECORDS DE VITESSE

Situés aux États-Unis, le lac salé de Bonneville et le Grand Lac Salé, dans l'Utah, sont les vestiges de l'ancien lac de Bonneville, qui existait il y a quelque 15 000 ans durant la période glaciaire et faisait presque la même taille que le lac Michigan. Chaque hiver, une fine couche d'eau stagnante remplit le lac avant de s'évaporer en été. Sous l'effet du vent, cette couche devient lisse et forme une piste immense et quasiment parfaite de 412 km^2. Cet endroit unique a été le cadre de nombreux records de vitesse, tel celui de Gary Gabelich, en 1970, au volant de sa Blue Flame, une voiture équipée d'un moteur de fusée qui a atteint la vitesse incroyable de 1001,7 km/h. Le site est géré par le gouvernement fédéral et son accès au public est très réglementé. Il est d'ailleurs fortement déconseillé de rouler sur les lacs salés quand ils sont recouverts d'eau afin de ne pas détériorer le sol humide, donc très fragile. De plus, l'eau salée corrode les circuits électriques des voitures.

• Empêcher les bougies de goutter

- 100 G DE SEL
- 500 ML D'EAU CHAUDE
- 1 COUVERCLE

Le bain d'eau salé : idéal pour éviter aux bougies de goutter ! Ajoutez le sel et l'eau chaude dans un récipient en plastique assez grand pour contenir les bougies. Mélangez jusqu'à ce que le sel soit dissous et plongez-y les bougies. Posez dessus un couvercle (ou un objet lourd pour les maintenir immergées) et laissez tremper pendant une nuit. Séchez bien les bougies avant de vous en servir.

CONSEIL : Faites brûler les bougies bien droites et à l'abri des courants d'air : ainsi, la cire brûlera uniformément et ne gouttera pas.

• Enlever la rouille

- 1 CUILLÈRE À CAFÉ DE SEL
- ½ CITRON
- DU PAPIER ABSORBANT
- 1 CHIFFON DOUX

Saupoudrez de sel la pulpe du demi citron et frottez-en les taches de rouille. Répétez l'opération si nécessaire. Rincez abondamment avec de l'eau et séchez avec le chiffon.

• Maintenir des fleurs artificielles

- 300 G DE SEL
- UN PEU D'EAU

Voici un moyen simple pour empêcher un bouquet de fleurs artificielles mises dans un vase de tomber... Remplissez celui-ci de sel avant d'y mettre les fleurs et mouillez avec l'eau. Plantez les tiges des fleurs. Attendez quelques jours sans y toucher. En s'évaporant, l'eau va faire durcir le sel et maintenir votre bouquet en place.

• Nettoyer des fleurs artificielles

- 300 À 600 G DE SEL
- 1 SAC EN PAPIER OU EN PLASTIQUE

Certaines fleurs artificielles ressemblent à s'y méprendre à des vraies, sauf quand une fine couche de poussière les recouvre. Les techniques de nettoyage classiques ne font parfois qu'aggraver les choses en y faisant pénétrer davantage la poussière. Essayez ce procédé... Remplissez le sac avec le sel et les fleurs puis fermez bien. Secouez-le doucement afin que le sel décolle la poussière.

• Nettoyer des taches de boue

- 1 POIGNÉE DE SEL

La prochaine fois que quelqu'un maculera votre moquette ou votre tapis, n'essayez surtout pas d'enlever la boue car elle ne ferait que pénétrer davantage dans les fibres. Recouvrez-la plutôt de sel et attendez. Une fois l'eau évaporée, il suffira d'un coup d'aspirateur pour tout retirer.

• Nettoyer des taches de sang

- 1 POIGNÉE DE SEL
- 125 ML D'EAU FROIDE
- 125 ML D'EAU OXYGÉNÉE
- 2 CHIFFONS DOUX

Commencez par recouvrir la zone tachée de votre moquette ou de votre tapis avec du sel afin d'absorber le sang. Puis mélangez l'eau froide et l'eau oxygénée dans un petit bol. Humectez-en un chiffon et tamponnez la tache jusqu'à ce que le sang coagule. Essuyez délicatement puis recommencez pour faire complètement disparaître la tache. Rincez avec l'autre chiffon mouillé d'eau.

CONSEIL : N'utilisez pas d'eau chaude, sinon la tache se fixera davantage.

• Nettoyer la fonte

- 150 G DE SEL
- 60 ML D'HUILE VÉGÉTALE
- 1 SPATULE EN BOIS OU EN SILICONE
- DU PAPIER ABSORBANT

La fonte a une durée de vie illimitée si on l'entretient correctement. Pour dégraisser et garder vos poêlons en parfait état, nettoyez-les toujours avec du sel en suivant ces indications... Rincez votre poêlon à l'eau chaude puis grattez les sucs avec la spatule. Ensuite, mettez-le sur feu moyen pendant 30 secondes. Une fois sec, retirez-le du feu. Ajoutez-y le sel et l'huile végétale et frottez avec une épaisse couche de papier absorbant jusqu'à ce qu'il soit bien propre. Rincez-le de nouveau à l'eau chaude et refaites-le sécher sur feu moyen.

• Nettoyer le cuivre

- 1 CUILLÈRE À SOUPE DE SEL
- 60 ML DE VINAIGRE
- 1 TORCHON
- 1 CHIFFON DOUX

Pour faire briller vos cuivres, essayez cette recette rapide et facile... Trempez un torchon dans du vinaigre et saupoudrez-le de sel. Puis frottez les endroits ternes et admirez à quelle vitesse vos cuivres retrouvent leur éclat. Rincez abondamment à l'eau et séchez avec le chiffon.

Voir aussi : Nettoyer le cuivre (citron), p. 82.

• Nettoyer le laiton

- 40 G DE SEL
- 2 CUILLÈRES À SOUPE DE FARINE
- 5 À 10 ML DE VINAIGRE
- 2 CHIFFONS DOUX
- 1 PAIRE DE GANTS EN CAOUTCHOUC
- 1 AIMANT

Au lieu d'utiliser un produit toxique pour nettoyer vos pots en laiton, mélangez la farine et le sel dans un petit bol puis ajoutez juste assez de vinaigre pour faire une pâte. Avec un chiffon, appliquez celle-ci sur vos pots (mettez les gants pour ne pas salir vos mains). Rincez abondamment à l'eau et séchez avec l'autre chiffon. N'hésitez pas à doubler les quantités en cas de besoin.

CONSEIL : Avant de nettoyer un objet que vous croyez être en laiton, vérifiez-le en posant un aimant dessus. S'il adhère, c'est que l'objet n'est pas en laiton et qu'il risque de s'abîmer au contact du sel.

Voir aussi : Nettoyer le laiton (citron), p. 82.

• Nettoyer l'émail

- 40 G DE SEL
- 2 CUILLÈRES À SOUPE DE BICARBONATE DE SOUDE

- DE L'EAU
- 1 ÉPONGE SYNTHÉTIQUE
- 1 CHIFFON DOUX

Certains plats de cuisson en fonte sont recouverts d'une couche d'émail coloré qui les protège de la rouille et les rend non réactifs. L'inconvénient, c'est que ce genre de matériau se décolore au fil du temps... Pour ôter les taches en douceur, mélangez le sel et le bicarbonate de soude dans un récipient et ajoutez un peu d'eau pour faire une pâte. Appliquez celle-ci sur le plat et frottez avec l'éponge. Rincez abondamment à l'eau et séchez avec un chiffon doux.

• Nettoyer le récipient d'une machine à café

- 150 G DE SEL
- 1 CITRON COUPÉ EN TRANCHES
- DES GLAÇONS
- DE L'EAU

Voici une astuce qu'utilisent les restaurateurs pour nettoyer le récipient d'une machine à café sans se mouiller les mains... Remplissez le vôtre de sel, de tranches de citron, de glaçons et d'assez d'eau pour que ceux-ci puissent bouger librement (il ne faut pas que le récipient soit trop chaud, sinon le brusque changement de température risque de faire éclater le verre). En le faisant tourner par des mouvements circulaires, le sel, le citron (grâce à son acidité) et les glaçons vont décoller les restes graisseux du café qui sont au fond. Rincez abondamment à l'eau.

Voir aussi : Nettoyer une machine à café (vinaigre), p. 121.

• Nettoyer un évier plein de mousse

• 1 POIGNÉE DE SEL

Quand on vient de faire une grosse vaisselle, on se retrouve souvent avec un évier plein de mousse... Au lieu de le rincer à grande eau (et de la gaspiller), jetez 1 poignée de sel sur la mousse. En plus de la dissoudre très vite, il enlèvera les traces de gras. Rincez ensuite rapidement l'évier.

Voir aussi : Réaliser un nettoyant multi-usages (citron), p. 88 ; Réaliser un nettoyant multi-usages (bicarbonate de soude), p. 158.

• Nettoyer un four

• 1 POIGNÉE DE SEL
• 1 ÉPONGE SYNTHÉTIQUE OU DU PAPIER ABSORBANT

Que faire quand un plat a débordé dans le four ? Prenez du sel ! En en versant sur les coulures, vous vous faciliterez considérablement la tâche quand le four aura refroidi. Mais il faut vite les nettoyer avant de réutiliser le four : sinon elles vont cuire !

Voir aussi : Empêcher un four de graisser (vinaigre), p. 114.

• Nettoyer de l'œuf

• 2 POIGNÉES DE SEL
• 1 ÉPONGE SYNTHÉTIQUE OU DU PAPIER ABSORBANT

Les œufs crus sont particulièrement difficiles à nettoyer quand on les casse car les blancs ont la fâcheuse tendance à fuir les éponges et les serviettes et à s'étaler partout... Pour tout bien nettoyer, jetez 2 belles poignées de sel sur l'œuf. Au bout de 15 minutes, vous devriez pouvoir l'enlever sans problème.

Voir aussi : Nettoyer des taches d'œuf (vinaigre), p. 129.

• Nettoyer un réfrigérateur ou un congélateur

- 75 G DE SEL
- 55 G DE BICARBONATE DE SOUDE
- 1 ÉPONGE SYNTHÉTIQUE

Donnez un petit coup de frais à votre réfrigérateur ou à votre congélateur avec cette potion magique à base de sel et de bicarbonate de soude... Mélangez-les dans un récipient et saupoudrez-en un peu sur les taches. Humectez l'éponge d'eau chaude et frottez doucement. Associés, le bicarbonate de soude et le sel forment un abrasif doux au pouvoir blanchissant qui ne risque pas d'abîmer votre électro-ménager.

Voir aussi : Désodoriser un réfrigérateur ou un congélateur (bicarbonate de soude), p. 151.

• Nettoyer une planche à découper en bois

- 75 G DE SEL
- 1 ÉPONGE SYNTHÉTIQUE

Les planches à découper en bois se tachent et prennent facilement l'odeur des aliments. Voici une recette facile et simple pour nettoyer la vôtre... Essuyez-la avec une éponge humide et saupoudrez-la de sel. Laissez reposer quelques minutes puis grattez la planche avec la face abrasive de l'éponge. Rincez abondamment à l'eau chaude et laissez sécher à l'air.

Voir aussi : Le citron : que fait-il d'autre ?, p. 89 ; Ôter des taches de fruits rouges ou de betterave (citron), p. 86 ; Le vinaigre : que fait-il d'autre ?, p. 123.

• Prolonger la vie d'un balai en paille

- 300 G DE SEL
- 4 L D'EAU CHAUDE

Voici une recette testée et approuvée par des générations de ménagères... Avant d'utiliser votre balai pour la première fois, faites dissoudre le sel dans un seau d'eau chaude. Plongez-y la paille du balai et laissez-la tremper pendant 20 minutes. Ensuite, secouez-la et laissez-la sécher à l'air. La solution saline va faire durcir la paille et la renforcer.

LE SEL : QUE FAIT-IL D'AUTRE ?

Ôter le rouge à lèvres d'un verre Un passage au lave-vaisselle ne parvient pas toujours à faire partir le rouge à lèvres d'un verre. Le mieux, c'est d'intervenir d'abord en le frottant doucement avec quelques cuillerées de sel. Celui-ci va pénétrer directement dans la tache avant qu'elle n'ait le temps de se fixer.

Avec les enfants

• Faire de la peinture au sel

- 4 À 5 PETITS BOLS DE SEL
- 1 À 2 GOUTTES DE COLORANTS ALIMENTAIRES DE PLUSIEURS COULEURS
- DE LA COLLE BLANCHE
- DES FEUILLES DE PAPIER

Redécouvrez l'art de la peinture sur sable en proposant à vos enfants une activité ludique et facile… Versez le sel dans des petits bols en quantité égale (pour commencer, contentez-vous de quelques cuillères à soupe de sel dans chaque bol). Ajoutez-y le colorant et laissez vos enfants malaxer le sel avec les doigts jusqu'à ce qu'il soit coloré de façon homogène. Couvrez une feuille de papier d'une mince couche de colle puis aidez vos enfants à verser le sel de façon à créer des formes variées.

• Faire de la pâte à sel

- 300 G DE SEL
- 300 ML D'EAU CHAUDE
- 1 CUILLÈRE À SOUPE D'HUILE VÉGÉTALE
- 375 G DE FARINE

• 1 À 2 GOUTTES DE COLORANTS ALIMENTAIRES DE PLUSIEURS COULEURS

Avec vos enfants, fabriquez de la pâte à sel qu'ils vont pétrir, rouler, couper et transformer à leur guise... Dans un récipient, mettez l'eau chaude et le sel puis mélangez jusqu'à ce qu'il soit bien dissous. Ajoutez l'huile et la farine et mélangez encore doucement jusqu'à l'obtention d'une pâte homogène. Pétrissez celle-ci pour la rendre bien souple et élastique (rajoutez de la farine, si nécessaire). Versez éventuellement du colorant. Vos enfants vont pouvoir modeler des objets que vous laisserez sécher à l'air pendant 2 jours. Proposez-leur ensuite de décorer leurs réalisations avec de la peinture (acrylique ou à l'eau) s'ils n'ont pas utilisé le colorant. Terminez par une fine couche de vernis à ongles pour protéger celles-ci.

Pour les animaux domestiques

• Offrir un soin spa à son poisson rouge

- 1 CUILLÈRE À CAFÉ DE SEL
- 1 L D'EAU DISTILLÉE

Même les poissons rouges ont parfois besoin d'un spa ! Bien qu'ils soient des poissons d'eau douce, ils apprécient beaucoup une petite dose de sel de temps en temps... La prochaine fois que vous changerez l'eau de votre poisson rouge, faites fondre le sel dans un récipient d'eau distillée et mettez-le dedans pendant une quinzaine de minutes, le temps de nettoyer son bocal ou son aquarium. Mais ne l'y laissez pas trop longtemps et n'y transvasez surtout pas l'eau salée !

• Nettoyer un couffin

- 150 G DE SEL
- DE L'EAU CHAUDE

Pour bien nettoyer le couffin de votre animal sans abuser de produits artificiellement parfumés, ajoutez dans un récipient le sel à l'eau de lavage. À la belle saison, pour un meilleur résultat, faites-le sécher dehors au soleil.

Voir aussi : Désodoriser un couffin (bicarbonate de soude), p. 162.

• Nettoyer un aquarium

• 1 POIGNÉE DE SEL NON IODÉ

Avec le temps, des dépôts minéraux et végétaux viennent encrasser l'intérieur des aquariums et ils s'opacifient. Or, à quoi bon avoir des poissons si on ne peut pas les voir ? Comme ceux-ci sont très sensibles aux substances chimiques, il vaut mieux éviter de les utiliser... Frottez plutôt les parois en verre avec 1 petite poignée de sel non iodé et, surtout, rincez-les bien avant de remettre de l'eau.

• Se débarrasser des puces

• 1 POIGNÉE DE SEL

Si vos compagnons à quatre pattes ont des puces, il y en a certainement partout dans vos tapis et votre moquette... Pour vous en débarrasser, saupoudrez de sel tapis et moquette avant d'aller vous coucher (enfermez vos animaux dans une autre pièce pour qu'ils ne soient pas tenter de le lécher). Le lendemain matin, passez un grand coup d'aspirateur. À faire chaque jour pendant 6 semaines.

Voir aussi : Se débarrasser des insectes nuisibles (citron), p. 88 ; et Fabriquer un vaporisateur anti-puces (citron), p. 91.

En plein air et dans le jardin

• Empêcher des meubles en osier de jaunir

- 150 G DE SEL
- 750 ML D'EAU CHAUDE
- 1 BROSSE DURE

Les meubles en osier recouverts de peinture à l'huile blanche ont tendance à jaunir avec le temps, surtout s'ils passent l'hiver dans une pièce sombre... Pour y remédier, frottez-les une fois par an avec une brosse dure imprégnée de cette solution. Laissez bien vos meubles sécher (de préférence au soleil) avant de les ranger.

Voir aussi : Nettoyer le mobilier de jardin (bicarbonate de soude), p. 164.

• Empêcher un pare-brise de geler

- 75 G DE SEL
- 350 ML D'EAU CHAUDE
- 1 GROSSE ÉPONGE

Pour éviter d'avoir à gratter le givre qui s'est déposé sur le pare-brise de votre voiture en hiver, essayez cette technique qui fonctionne aussi sur les routes quand un coup de froid s'annonce... Dans une bassine, faites fondre le sel dans l'eau chaude et passez cette solution sur votre pare-brise avec l'éponge. Parce qu'il abaisse la température de fusion de la glace, le sel empêchera celle-ci de se former.

CONSEIL : Ne recourez pas néanmoins trop souvent à cette méthode car, à la longue, le sel peut endommager la peinture de la carrosserie et la faire rouiller.

• Nettoyer des jardinières

- 1 POIGNÉE DE SEL
- 1 CHIFFON HUMIDE

Les grands coups de brosse et le savon pouvant laisser des traces sur la texture parfois poreuse des jardinières, pensez plutôt à les nettoyer avec 1 poignée de sel... Placez celui-ci dans le chiffon et frottez-en vos jardinières avant de les remplir. Grâce à son léger pouvoir abrasif, il va les nettoyer sans les abîmer. Rincez abondamment à l'eau.

EN AUTRICHE : LA VILLE DU SEL

Les villes célèbres pour leur production de sel ne manquent pas en Europe, mais il y en a une qui sort du lot : la ville de Salzbourg, en Autriche, dont le nom signifie « ville du Sel ». La mine de sel de Bad-Durnberg, toute proche, a fait la fortune de la région et constitue une destination touristique très prisée.

Ôter de la résine

- 1 CUILLÈRE À CAFÉ DE SEL
- 1 CUILLÈRE À CAFÉ DE JUS DE CITRON
- QUELQUES GOUTTES DE SAVON LIQUIDE
- DE L'EAU

Après avoir taillé une haie ou transporté un sapin de Noël, on se retrouve parfois avec les mains pleines de résine. Au lieu de les laver avec du white-spirit, essayez cette recette... Versez dans votre main le sel, le jus de citron et le savon. Ajoutez assez d'eau pour faire une pâte et massez-vous doucement les mains jusqu'à ce qu'elles soient propres. N'oubliez pas d'appliquer ensuite une crème hydratante car le sel et le jus de citron dessèchent la peau.

Voir aussi : Fabriquer du « savon de jardinier » (citron), p. 93.

• Se débarrasser des limaces

- 150 G DE SEL

Les limaces jouent un rôle important dans la nature : elles aident à recycler la matière organique et à enrichir la terre. Mais elles ont aussi la fâcheuse tendance à grignoter les plantes... Emportez donc du sel avec vous lorsque vous irez inspecter votre jardin, de préférence tôt le matin (les limaces aiment manger la nuit). Comme leur corps est composé principalement d'eau, quelques grains de sel suffiront à les déshydrater et ainsi à les empêcher de nuire.

• Se débarrasser des chenilles

- 150 G DE SEL
- 125 G DE FARINE

LE SEL : QUE FAIT-IL D'AUTRE ?

Empêcher les rues et les trottoirs de glisser quand il neige Si une tempête de neige s'abat, vous pouvez utiliser n'importe quel genre de sel car il abaisse la température de fusion de la glace et empêche l'eau de former des cristaux. Vous pouvez employer du sel de table si vous ne disposez pas de sel gemme. Ce dernier est préférable car il est moins coûteux et, en cas de grand froid, il vous faudra en utiliser beaucoup.

CONSEIL : Le sel réagit mieux à des températures proches de zéro. En revanche, il est beaucoup moins efficace quand elles sont négatives.

Les légumes crucifères comme les choux, les brocolis et les choux-fleurs sont particulièrement vulnérables à une chenille connue sous le nom de piéride du chou... Pour vous en débarrasser, mélangez le sel et la farine dans un petit récipient. Tous les matins ou tous les soirs, quand les plantes sont légèrement humides, saupoudrez les feuilles de ce mélange pour empêcher les piérides d'y élire domicile.

Voir aussi : Se débarrasser des insectes nuisibles (citron), p. 88.

LE SEL : QUE FAIT-IL D'AUTRE ?

Arrêter un feu de barbecue Pourquoi faut-il éviter d'éteindre un feu de barbecue avec de l'eau ? Pour deux raisons… D'abord, parce que la plupart des flammes surviennent quand le gras de la viande coule. Or, lorsqu'on met de l'eau sur de la graisse qui flambe, le feu repart de plus belle. Ensuite, parce que, même si vous versez assez d'eau pour l'éteindre, le charbon sera tellement détrempé que vous ne pourrez plus finir de faire cuire la viande. Mais vous pouvez empêcher les flammes de monter trop haut en y jetant 1 poignée de sel et en fermant le couvercle du barbecue pendant 1 à 2 minutes. Alors, pensez à avoir toujours un pot de sel à portée de main.

Voir aussi : Éteindre un feu de barbecue (bicarbonate de soude), p. 164.

Éloigner les fourmis Il est plus facile d'empêcher une armée de fourmis de rentrer dans une maison que de l'en faire sortir. Heureusement, elles détestent le sel. N'hésitez donc pas à en saupoudrer le long des fenêtres et des portes (ou des endroits qu'elles peuvent avoir envie de franchir) : c'est sans danger. Mais n'en mettez pas sur la pelouse car le sel grille l'herbe.

Voir aussi : Se débarrasser des insectes nuisibles (citron), p. 88 ; et Se débarrasser d'une fourmilière (citron), p. 94.

« Nous vivons dans un monde où la limonade est composée d'arômes artificiels et la cire pour meubles de vrais citrons. » Alfred E. Neuman, journaliste américain

«Si le destin te tend un citron, fais-en une limonade. » Dale Carnegie, écrivain américain (1888-1955)

« Le citron est probablement le fruit le plus important de tous pour la santé. » Maud Grieve, « A Modern Herbal », 1931

le citron

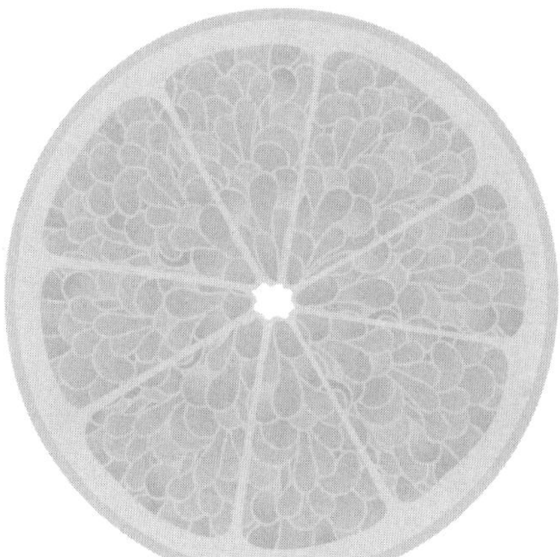

Le citron* (Citrus limon) *est utilisé notamment pour produire de l'acide citrique (avec la pulpe), de la pectine (avec les parties blanches) et de l'huile essentielle (avec l'écorce). Il possède un très fort taux d'acide ascorbique (vitamine C). Il en existe plusieurs sortes, même si toutes se ressemblent souvent. Les citronniers poussent dans les régions subtropicales et ont des fleurs blanches et des branches pourvues d'épines.

Brève histoire du citron

Les premiers citrons seraient apparus au nord de l'Inde, en Chine et en Birmanie. Sans doute déjà connus dans l'Antiquité par les Grecs et les Romains, on sait qu'ils furent utilisés au Moyen Âge sur les bateaux arabes puis en Europe. Au xve siècle, Christophe Colomb en emporta sur son navire car ils constituaient, avec les oignons, le seul remède connu contre le scorbut.

On cultive des citrons en Europe, surtout à Gênes, en Italie, depuis le milieu du xve siècle. C'est Christophe Colomb, lui-même originaire de Gênes, qui en aurait rapporté lors de son second voyage en Amérique pour coloniser Haïti. Ce sont les colons espagnols qui ont fait connaître le citron dans d'autres régions du monde comme la Californie et la Floride et les colons portugais qui l'ont introduit au Brésil. Aujourd'hui, les citronniers poussent un peu partout dans le monde.

À l'origine, les citrons étaient utilisés pour leurs propriétés antiseptiques et le citronnier comme arbre ornemental. Bien qu'il ait depuis gagné une place d'honneur dans les cuisines, il n'est vraiment populaire que depuis six siècles.

Bien choisir un citron

Un bon citron doit être ferme et jaune vif. Les meilleurs ont un grain fin et sont lourds. Les citrons à écorce fine ont tendance à avoir plus de jus alors ; ceux tirant sur le vert sont en général plus acides. Un citron moyen produit environ 3 cuillères à soupe (45 ml) de jus et 2 à 3 cuillères à café (12 à 18 g) de zeste.

Les propriétés du citron

Réputés pour leur vertu antiseptique, les citrons contiennent 5 % d'acide citrique – ce qui leur donne cette agréable acidité qui parfume les plats. Leur jus remplace aisément le vinaigre. L'acide citrique empêche les fruits frais de noircir quand on les coupe, comme les bananes (quelques gouttes suffisent).

Dans la maison, on peut se servir de citrons pour faire partir les taches alcalines, telles celles de thé, de café ou de transpiration, d'herbe ou de moutarde. Leur taux en acide citrique leur donne aussi des propriétés légèrement blanchissantes, très utiles pour l'entretien du linge et des cheveux.

Les principales sortes de citrons

Les espèces les plus courantes sont l'Eureka et le Lisbonne ; et le Villafranca, le Verna, le Genova, le Meyer et le Ponderosa constituent des hybrides. Le citron Meyer (qui serait issu d'un croisement entre une mandarine et un citron) a été introduit aux États-Unis en 1908. Il est particulièrement doux et fruité et beaucoup moins acide que les autres espèces. Le Ponderosa est issu d'un croisement entre un citron et un cédrat : c'est pourquoi ses fruits sont si gros.

Dans la cuisine

• Faire une infusion au citron et à la cannelle

- 3 OU 4 TRANCHES DE CITRON
- 1 BÂTON DE CANNELLE
- UN PEUT DE SUCRE

Remplissez une petite casserole d'eau et plongez-y le bâton de cannelle et les tranches de citron. Faites mijoter quelques minutes à feu doux en rajoutant de l'eau si nécessaire. Sucrez à votre convenance.

• Faire un spritzer

- 1 CITRON
- 100 G DE SUCRE
- 125 ML D'EAU

Avec un simple sirop obtenu en mélangeant de l'eau et du sucre, faites du spritzer, une délicieuse alternative à la limonade... Mélangez le sucre et l'eau dans une petite casserole et faites chauffer à feu vif pour faire fondre le sucre et obtenir assez de sirop pour plusieurs verres. Laissez refroidir à température ambiante. Pres-

UN CITRON BIEN JUTEUX

Si votre citron sort du réfrigérateur, passez-le 15 secondes au four à micro-ondes ou plongez-le 15 minutes dans une casserole d'eau chaude. S'il est déjà à température ambiante, faites-le rouler sur la table avec la main pour libérer le plus de jus possible.

sez 1 citron et filtrez-en le jus au-dessus d'un grand verre rempli de glace. Versez la même quantité de sirop que de citron dans le verre ; complétez avec de l'eau de seltz et savourez !

• Laver les fruits et les légumes

- 1 CUILLÈRE À SOUPE DE JUS DE CITRON
- 250 ML D'EAU
- 2 CUILLÈRES À SOUPE DE BICARBONATE DE SOUDE

Les produits frais doivent être bien lavés avant usage, surtout les concombres et les tomates dont la peau duveteuse retient les

LE CITRON : QUE FAIT-IL D'AUTRE ?

Désodoriser les doigts Comme le savent tous les cuisiniers, couper de l'ail laisse une forte odeur sur les doigts qu'un simple lavage à l'eau et au savon ne suffit pas à enlever. La solution pour la faire disparaître ? Versez un peu de jus de citron sur une cuillère en inox et frottez vos doigts dessus pendant 1 à 2 minutes. Mais abstenez-vous si vous avez des petites coupures aux mains.

pesticides et autres produits potentiellement dangereux. Certes, on commence à trouver des produits nettoyants spécialement conçus pour eux mais vous pouvez aussi fabriquer votre propre produit... Remplissez un petit vaporisateur avec l'eau, le bicarbonate et le citron (en filtrant bien le jus). Secouez pour bien mélanger puis vaporisez-en vos fruits et vos légumes. Pour ôter le goût amer du bicarbonate, rincez-les soigneusement à l'eau après les avoir vaporisés. Conservez ce mélange environ une semaine.

Voir aussi : Conserver les fruits et les légumes (bicarbonate de soude), p. 138 ; et Laver les fruits et les légumes (bicarbonate de soude), p. 138.

LE CITRON : QUE FAIT-IL D'AUTRE ?

Un rince-doigts Certains plats sont meilleurs quand on les mange avec les doigts (telles les côtelettes de porc et les cuisses ou les ailes de poulet) ! Si vous avez des invités, placez un petit bol d'eau à côté de chaque assiette et déposez-y quelques tranches de citron. Cela permettra à vos convives non seulement de se rincer les doigts mais aussi d'enlever le gras laissé par les aliments.

Remplacer le sel et le vinaigre Grâce à son acidité, le citron est, en cuisine, une alternative parfumée au sel. Une aubaine pour ceux qui font un régime sans sel. Le citron remplace également avantageusement le vinaigre dans les vinaigrettes et les marinades et donne un goût fruité aux salades. En cuisine, outre qu'il apporte de la vitamine C, il est davantage conseillé que le vinaigre dans le cas de problèmes gastriques.

Pour le linge et les vêtements

• Détacher le cuir

- 1 CUILLÈRE À SOUPE DE JUS DE CITRON
- UN PEU DE CRÈME DE TARTRE
- 1 CHIFFON HUMIDE

Pour détacher du cuir clair, essayez cette pâte... Dans un récipient, mélangez le jus de citron et la crème de tartre. Appliquez-en une couche uniforme et laissez agir 1 heure ou 2, puis retirez-la avec le chiffon.

CONSEIL : Testez cette pâte d'abord dans un endroit peu visible car certains pigments peuvent réagir au citron.

Voir aussi : Entretenir le cuir (vinaigre), p. 101.

• Enlever du chewing-gum

- ½ CITRON

Rien n'est plus agaçant que d'avoir les cheveux collés ou les vêtements tachés par du chewing-gum ! Pour le détacher, frottez-en la pulpe d'un 1/2 citron en appuyant doucement sur celui-ci pour en extraire le jus. Rincez abondamment afin d'annuler son effet blanchissant.

• Fabriquer du cirage

- 1 CUILLÈRE À SOUPE DE JUS DE CITRON
- 2 CUILLÈRES À SOUPE D'HUILE D'OLIVE
- 2 CHIFFONS

Voici une recette parfumée et écologique pour entretenir des chaussures en cuir foncé... Versez l'huile d'olive et le jus de citron dans une petite boîte étanche (doublez les quantités si vous avez plusieurs paires à cirer), fermez-la et secouez-la vigoureusement pour bien mélanger. Trempez un chiffon dans le mélange et appliquez-le sur vos chaussures sèches. Laissez le produit agir quelques minutes, puis faites briller avec un autre chiffon.

Voir aussi : Détacher les chaussures en cuir (vinaigre), p. 100 ; Entretenir les chaussures en cuir (vinaigre), p. 102.

• Nettoyer un vêtement en coton blanc

- 60 ML DE JUS DE CITRON
- 250 ML D'EAU

LE CITRON : UN FRUIT UNIVERSEL

On produit plus de 13 millions de tonnes de citrons chaque année dans le monde, principalement en Inde, au Mexique, en Argentine, au Brésil, en Espagne, en Chine, aux États-Unis, en Turquie, en Iran et en Italie.

Le problème des vêtements blancs, c'est qu'ils se tachent facilement ou finissent par devenir gris... Si votre tee-shirt ou votre chemise en coton présentent des taches tenaces, mettez du citron directement dessus (sans le diluer). Si vous voulez leur redonner blancheur et éclat, mélangez le jus de citron et l'eau dans une bassine et faites-les tremper (pas plus de 1 heure). Dans les deux cas, mettez-les à sécher, si possible au soleil. Lavez-les ensuite pour enlever le jus de citron.

Voir aussi : Déjaunir des draps (sel), p. 29.

• Neutraliser l'odeur des produits anti-mites

- 250 ML DE JUS DE CITRON

Les produits anti-mites sont composés de naphtaline, un élément chimique qui dégage un gaz nocif, dont l'odeur est forte et tenace. Pour vous en débarrasser, ajoutez le jus de citron au cycle de lavage la prochaine fois que vous mettrez vos vêtements à la machine. Et, si possible, faites sécher ceux-ci à l'extérieur pour obtenir un meilleur résultat.

• Ôter des taches de lait infantile

- 60 ML DE JUS DE CITRON
- 60 ML D'EAU

Le lait infantile est plein de protéines qui tachent les vêtements et la literie. S'il s'agit de tissus aux tons clairs, gardez en réserve au réfrigérateur un petit vaporisateur contenant cette solution d'eau et de citron. Et pulvérisez-en sur les taches dès que possible. Laissez sécher au soleil et lavez ensuite.

Voir aussi : Le vinaigre : que fait-il d'autre ?, p. 123 ; et Nettoyer le linge de bébé (bicarbonate de soude), p. 142.

• Ôter des taches de transpiration

- 1 CUILLÈRE À SOUPE DE JUS DE CITRON
- 1 CUILLÈRE À SOUPE DE VINAIGRE
- 250 ML D'EAU

Les taches de transpiration sont souvent invisibles jusqu'à ce qu'elles jaunissent légèrement les vêtements. Pour les enlever, plongez vos vêtements dans l'eau mélangée au jus de citron et au vinaigre. Laissez tremper de 1 à 12 heures puis lavez comme à l'accoutumée.

CONSEIL : Ne faites jamais tremper (dans quelque solution que ce soit) des tissus en soie, en lin, en laine ou considérés comme délicats car ils peuvent se tacher, décolorer ou rétrécir. De même, si, après le trempage, les taches n'ont pas disparu, ne mettez pas vos vêtements dans le sèche-linge et ne les repassez pas : la chaleur ne fera que les fixer davantage et les rendre, au final, impossibles à enlever.

Voir aussi : Ôter des taches de transpiration (vinaigre), p. 104.

• Parfumer les armoires et les penderies

- LE ZESTE DE 1 CITRON
- 220 G DE BICARBONATE DE SOUDE
- 1 MOUCHOIR EN COTON
- 15 CM DE RUBAN

Les sachets parfumés sont bien pratiques pour désodoriser les endroits sombres et fermés, tels les armoires, les penderies, les

> **LE CITRON : UN FRUIT POUR CHAQUE SAISON**
>
> Un citronnier adulte peut produire entre 1 000 et 2 000 citrons par an. L'arrivée des fruits à maturité s'échelonne tout au long de l'année avec un pic à la fin de l'hiver et au printemps.

tiroirs et les boîtes de rangement. Si vous ne savez pas coudre, il vous suffit d'avoir un mouchoir et un ruban. Posez le mouchoir sur une surface plane. Mélangez le bicarbonate de soude et le zeste de citron dans un petit bol. Versez cette préparation au centre du mouchoir et joignez les quatre bouts pour faire une boule. Tournez celle-ci sur elle-même et fermez-la avec le ruban. Quand le parfum aura disparu, utilisez le contenu du mouchoir pour déboucher une canalisation (voir pp. 38, 112, 151).

Voir aussi : Désodoriser une pièce (sel), p. 39 ; Réaliser un désodorisant maison (citron), p.87.

• Prétraiter des taches d'herbe

- 1 CUILLÈRE À CAFÉ DE JUS DE CITRON
- 1 CUILLÈRE À SOUPE DE BICARBONATE DE SOUDE

Dès le printemps, le panier à linge sale déborde de pantalons tachés de vert. Or, il existe un produit parfaitement naturel pour y remédier... Saupoudrez du bicarbonate de soude sur la zone à traiter, puis mouillez avec le jus de citron. Quand le mélange commence à mousser, frottez-en le tissu pour bien le faire pénétrer dans la tache. Lavez comme à l'accoutumée.

Voir aussi : Prétraiter les taches (bicarbonate de soude), p. 143.

LE CITRON : QUE FAIT-IL D'AUTRE ?

Reblanchir des baskets Vos baskets blanches ont connu des jours meilleurs ? Au lieu de les plonger dans un bain d'eau de Javel, vaporisez-les avec un fin jet de jus de citron. Laissez-les sécher dehors, en plein soleil, et, au bout de quelques heures, vous ne les reconnaîtrez plus !

• Réaliser un adoucissant naturel

- LE JUS DE 4 CITRONS
- 500 ML D'EAU FROIDE
- 1 CUILLÈRE À CAFÉ DE BICARBONATE DE SOUDE

Pour avoir du linge de maison éclatant de propreté et de fraîcheur, utilisez les propriétés naturelles du citron... Dans une grande boîte en plastique, mélangez son jus avec l'eau. Ajoutez le bicarbonate de soude, fermez et secouez bien. Ajoutez cette préparation au dernier cycle de rinçage : vos draps et vos serviettes seront doux et sentiront bon !

Voir aussi : Le vinaigre : que fait-il d'autre ?, p. 105 ; Améliorer une lessive ordinaire (bicarbonate de soude), p. 141.

Pour la santé et la beauté

• Apaiser un mal de gorge

• 2 CUILLÈRES À CAFÉ DE JUS DE CITRON
• UN PEU DE MIEL

Les maux de gorge sont souvent aggravés par la prolifération d'humeurs visqueuses. Pour y remédier, rien ne vaut ce traitement naturel à base de jus de citron et de miel... Versez le miel dans un petit bol et incorporez-y le jus de citron. Quand la mixture est bien homogène, avalez-la doucement en la gardant le plus longtemps possible au fond de la gorge. L'acide citrique contenu dans le jus de citron va aider à dégager la gorge pendant que le miel la tapissera d'un voile protecteur. De plus, sachez qu'ils ont tous deux des propriétés antibactériennes.

Voir aussi : Apaiser un mal de gorge (sel), p. 32.

• Atténuer les taches de vieillesse

• ½ CITRON
• 1 PINCÉE DE SUCRE

LE CITRON CONTRE LE SCORBUT

Quand on est privé de vitamine C pendant des mois, on finit par développer une maladie, le scorbut, qui se caractérise par une grande faiblesse, un gonflement des articulations et une inflammation des gencives pouvant entraîner la chute des dents. Si on ne le traite pas, le scorbut peut aussi se solder par une sévère anémie. Cette maladie était très redoutée par les marins qui passaient des mois en mer sans pouvoir se réapprovisionner en légumes et en fruits frais. En 1795, la marine anglaise commença, sur les conseils d'un médecin écossais, James Lind, à fournir du jus de citron vert à ses marins. Puis celui-ci a été remplacé par des oranges et des citrons dont le taux élevé en vitamine C les rend encore plus efficaces.

L'apparition de taches brunes (ou taches de vieillesse) n'a rien d'inquiétant. Mais elles peuvent être disgracieuses. Or, elles réagissent au pouvoir blanchissant du citron. Saupoudrez de sucre la pulpe de 1/2 citron et frottez-en doucement la zone à traiter pendant quelques minutes. Répétez l'opération chaque semaine, si nécessaire, jusqu'à ce que les taches pâlissent.

• Combattre la constipation

- 1 CUILLÈRE À CAFÉ DE JUS DE CITRON
- 250 ML D'EAU CHAUDE
- UN PEU DE MIEL

La constipation est un sujet dont on parle rarement alors qu'elle touche beaucoup de gens. Avant de recourir aux remèdes classiques, essayez cette recette naturellement purifiante... Versez le jus de citron dans un verre d'eau chaude, incorporez-y le miel puis buvez. À refaire toutes les 2 ou 3 heures si nécessaire.

• Éclaircir ses cheveux

• LE JUS DE 2 OU 3 CITRONS

Pendant des siècles, on a eu recours à des techniques naturelles pour s'éclaircir les cheveux et c'est encore une alternative écologique et peu onéreuse aux produits du commerce qui contiennent de l'ammoniaque... Appliquez le jus de citron à l'aide d'un peigne sur vos cheveux pour un effet uniforme ou à quelques endroits précis pour un effet méché. Mettez-vous au soleil ou sous un casque sèche-cheveux jusqu'à ce que vos cheveux soient bien secs. Rincez et coiffez comme à l'accoutumée. Cette recette permet d'éclaircir toutes les chevelures, même si les foncées risquent plutôt de prendre un ton cuivré que blond.

• Enlever de la corne des pieds

• 1 TRANCHE DE CITRON
• DE L'EAU CHAUDE

La corne est constituée d'un amas parfois douloureux de peaux dures qui se forme notamment quand on porte des chaussures trop petites. Pour redonner une peau saine à vos pieds, voici un remède nocturne... Trempez vos pieds dans l'eau chaude pendant 10 à 15 minutes puis posez la tranche de citron sur la zone à traiter. Fixez-la avec une bande et laissez reposer toute une nuit pour que les acides doux du citron aient le temps de ramollir la corne.

Voir aussi : Enlever une verrue (vinaigre), p. 107.

Faire briller ses ongles

- LE JUS DE ½ CITRON
- 60 ML DE VINAIGRE
- 60 ML D'EAU

Les ongles jaunes sont disgracieux. Pour y remédier, mettez le jus de citron dans un petit bol et trempez-y vos doigts pendant 10 minutes (à éviter si vous avez des coupures ou les cuticules abîmées). Puis rincez le bol et remplissez-le avec le vinaigre et l'eau. Trempez une brosse douce dans ce mélange et frottez-la doucement sur vos ongles pendant 1 à 2 minutes. Rincez abondamment à l'eau chaude et massez-vous les mains avec une crème hydratante.

Voir aussi : Réaliser un bain de pieds ou de mains (bicarbonate de soude), p. 147.

Lutter contre la mauvaise haleine

- LE JUS DE 1 CITRON
- 60 ML D'EAU

La mauvaise haleine est un problème qui peut tous nous toucher, surtout après un repas à base d'ail et d'oignon. Si vous n'avez pas de brosse à dents sous la main, pensez à vous rincer la bouche avec de l'eau citronnée... Pressez le citron à la main au-dessus de l'eau (en prenant soin d'enlever tous les pépins). Gargarisez-vous pendant 15 à 20 secondes en faisant bien passer le liquide entre vos dents et à l'arrière de votre bouche puis recrachez-le.

Voir aussi : Le citron : que fait-il d'autre ?, p. 78.

• Lutter contre les pellicules et les cheveux gras

• 125 ML DE JUS DE CITRON
• 250 ML D'EAU CHAUDE

Dans un récipient, mélangez le jus de citron et l'eau chaude. Puis lavez-vous et rincez-vous les cheveux comme d'habitude, et versez l'eau citronnée sur votre tête. Massez-vous doucement le cuir chevelu. Laissez agir quelques minutes, puis rincez abondamment. Répétez l'opération chaque semaine si nécessaire. Si vous avez aussi des cheveux gras, ajoutez 1 tasse d'eau au mélange.

Voir aussi : Le sel : que fait-il d'autre ?, p. 35 ; Lutter contre les pellicules et les cheveux gras (bicarbonate de soude), p. 147.

• Protéger ses cheveux du chlore

• 2 CUILLÈRES À SOUPE DE JUS DE CITRON
• 2 CUILLÈRES À SOUPE DE BICARBONATE DE SOUDE
• 1 PETITE BOUTEILLE D'EAU MINÉRALE

Les longues journées d'été passées à la piscine finissent parfois par donner un léger reflet vert aux cheveux blonds — signe distinctif des nageurs ! Pour débarrasser vos cheveux du chlore, mettez le jus de citron dans la bouteille (après en avoir bu quelques gorgées pour faire de la place). Emportez-la dans votre sac avec une petite boîte en plastique contenant le bicarbonate de soude. Après vous être baigné(e), ajoutez le bicarbonate de soude à l'eau citronnée et mélangez bien. Appliquez sur vos cheveux lavés,puis rincez bien et séchez.

Voir aussi : Prévenir l'« otite du nageur » (vinaigre), p. 108.

• Réaliser une eau de rinçage

- 250 ML DE JUS DE CITRON
- 4 L D'EAU
- 300 G DE SEL D'EPSOM

Si vous avez les cheveux blonds, pensez à utiliser cette eau de rinçage de temps en temps pour débarrasser vos cheveux des résidus de produits qui peuvent les alourdir... Dans un bidon, versez l'eau, le jus de citron et le sel d'Epsom. Fermez et laissez reposer durant 24 heures. Puis versez doucement le mélange sur vos cheveux secs et laissez agir 20 minutes. Lavez-les ensuite comme à l'accoutumée.

Voir aussi : Réaliser un soin pour les cheveux (sel), p. 35 ; Réaliser une eau de rinçage aux fleurs (vinaigre), p. 109 ; Le bicarbonate de soude : que fait-il d'autre ?, p. 150.

• Traiter les points noirs et l'acné

- 1 CUILLÈRE À CAFÉ DE JUS DE CITRON
- 1 CUILLÈRE À CAFÉ D'EAU DE ROSE
- DU COTON
- 1 SERVIETTE

Il existe de nombreux remèdes efficaces contre les points noirs et l'acné, mais cette lotion naturelle est en outre bonne pour les

LOUIS XIV AIMAIT-IL LES LÈVRES ROUGES ?

Louis XIV, dit-on, offrait des citrons à ses favorites qui s'en frottaient les lèvres afin de les faire devenir plus rouges.

LE CITRON : QUE FAIT-IL D'AUTRE ?

Rafraîchir une bouche sèche Le jus de citron dope l'activité des glandes salivaires : ce qui en fait – sous forme d'une tranche de citron ou d'un bonbon – un parfait remède pour s'hydrater la bouche quand on n'a pas d'eau sous la main.

Voir aussi : Lutter contre la mauvaise haleine (citron), p. 75.

peaux grasses... Mélangez le jus de citron et l'eau de rose puis appliquez sur la peau avec le coton, surtout sur les zones à problème. Laissez agir 15 à 20 minutes. Rincez bien et séchez en tamponnant doucement avec une serviette. Répétez l'opération 2 à 3 fois par jour jusqu'à ce que les imperfections disparaissent.

CONSEIL : On trouve l'eau de rose dans les boutiques de produits naturels et dans les épiceries orientales.

Pour le ménage, l'entretien et la décoration

• Améliorer les performances d'un lave-vaisselle

• 2 CUILLÈRES À SOUPE DE JUS DE CITRON

Il n'est pas toujours facile de venir à bout de la graisse des plats, même au lave-vaisselle et avec les produits du commerce dits « dégraissants ». Pour ce faire, ajoutez le jus de citron dans votre machine à laver la vaisselle pour l'aider à éliminer la graisse.

• Décorer une table

• 6 À 12 CITRONS FRAIS
• PETITS BOUQUETS DE PLANTES AROMATIQUES À FLEURS (LAVANDE OU ROMARIN)

On peut réaliser une très jolie composition avec quelques citrons et quelques fleurs... Disposez les citrons dans un joli vase ou un grand saladier et piquez leur écorce avec les bouquets de plantes aromatiques. Vous obtiendrez ainsi un centre de table coloré et parfumé. Et, en outre, vous pourrez recycler les citrons de mille et une façons !

• Désodoriser un broyeur d'ordures

- LE ZESTE DE 1 OU 2 CITRONS
- DE L'EAU FROIDE

Pour que votre évier ne dégage plus de mauvaises odeurs mais un parfum vivifiant, extrayez le jus de citron et gardez-le en réserve pour une utilisation ultérieure. Puis mettez l'écorce dans le broyeur d'ordures avec l'eau. Vous pouvez procéder de la même façon avec de vieux citrons, impropres à la cuisine. Mais veillez à ce qu'ils ne comportent pas de taches marron ou qu'ils ne soient pas moisis car, dans ce cas, ils ne sentiront pas bon !

• Fabriquer de la cire

- 125 ML DE JUS DE CITRON
- 250 ML D'HUILE D'OLIVE
- 1 CHIFFON EN COTON DOUX

Si vous avez des meubles anciens (c'est-à-dire cirés et non vernis), confectionnez vous-même votre cire... Mélangez le jus de citron et l'huile d'olive dans un pot en verre qui se ferme avec un

COMMENT RÉCUPÉRER LE ZESTE D'UN CITRON ?

Le zeste, partie colorée de l'écorce, est très prisé pour son goût dû à ses essences aromatiques. Pour retirer le zeste d'un citron, utilisez une petite râpe ultra plate, un couteau très aiguisé ou un épluche-légumes (n'enlevez que la partie colorée car la partie blanche est amère), puis émincez ou laissez en gros morceaux selon l'usage que vous voulez en faire.

couvercle. Couvrez et secouez énergiquement pour que les deux ingrédients se combinent bien. Puis appliquez cette préparation sur vos meubles avec le chiffon. Pour les faire briller, frottez en faisant des petits mouvements rapides et laissez sécher à l'air. S'il reste de la cire, vous pouvez la conserver au réfrigérateur pendant 3 semaines.

CONSEIL : L'huile a parfois un aspect trouble quand elle est froide. Dans ce cas, laissez la préparation se réchauffer à température ambiante pour qu'elle retrouve un aspect normal.

• Faire briller l'aluminium

- 45 ML DE JUS DE CITRON
- 1 L D'EAU BOUILLANTE
- 1 ÉPONGE SYNTHÉTIQUE

Si l'aluminium diffuse parfaitement la chaleur, il s'abîme en revanche facilement quand on le frotte. De plus, avec le temps et l'accumulation des résidus d'eau et d'aliments, il peut se noircir ou présenter des taches. Pour le garder comme neuf, faites bouillir de l'eau avec du jus de citron dans vos casseroles ou vos poêles en aluminium. Frottez-les ensuite doucement avec l'éponge munie d'une face abrasive trempée dans de l'eau savonneuse. Rincez soigneusement et séchez.

• Nettoyer des boîtes en plastique

- 1 CUILLÈRE À SOUPE DE JUS DE CITRON
- 1 CUILLÈRE À SOUPE DE BICARBONATE DE SOUDE
- 1 ÉPONGE SYNTHÉTIQUE

Les résidus à base de tomates sont redoutables pour les boîtes en plastique, surtout s'ils sont un peu gras. En plus de tacher, ils ont une fâcheuse tendance à imprégner le plastique de leur odeur et donc à parfumer les aliments qu'on y met par la suite. Pour décaper vos boîtes en profondeur sans les agresser avec des produits toxiques, versez-y le jus de citron et le bicarbonate. Frottez doucement avec une éponge munie d'une face abrasive. Puis remplissez les boîtes avec de l'eau et laissez agir toute une nuit pour un meilleur résultat.

• Nettoyer le cuivre

- ½ CITRON
- 1 CUILLÈRE À SOUPE DE SEL
- 1 CHIFFON DOUX

Pour nettoyer et redonner de l'éclat à votre matériel de cuisine en cuivre, servez-vous de 1/2 demi citron comme d'un tampon à récurer. Il suffit de saupoudrer la pulpe de sel et de la frotter sur les endroits à traiter. Le doux acide du citron et le pouvoir abrasif du sel vont faire disparaître en un instant des années de ternissures. Rincez soigneusement à l'eau et séchez avec un chiffon doux.

Voir aussi : Nettoyer le cuivre (sel), p. 43.

• Nettoyer le laiton

- ½ CITRON
- 1 CUILLÈRE À SOUPE DE BICARBONATE DE SOUDE
- 1 CHIFFON DOUX

Voici une recette très facile et efficace pour redonner naturellement de l'éclat à vos objets en laiton... Saupoudrez la pulpe de 1/2 citron de bicarbonate de soude et frottez-la sur les ternissures. Rincez abondamment à l'eau et séchez avec un chiffon doux.

Voir aussi : Nettoyer le laiton (sel), p. 44.

• Nettoyer les vitres et les miroirs

- 1 CUILLÈRE À SOUPE DE JUS DE CITRON
- 500 ML D'EAU
- DU PAPIER JOURNAL

Cette recette permet de nettoyer vos vitres et vos miroirs sans faire de traces... Mélangez le jus de citron et l'eau et versez ce liquide dans un vaporisateur (doublez les quantités s'il est très grand). Vaporisez-en sur les vitres et les miroirs et séchez avec du papier journal roulé en boule. Évitez de nettoyer vos vitres quand le soleil y donne. Sinon, le produit va sécher trop vite et laissera des traces.

Voir aussi : Nettoyer les vitres et les miroirs (vinaigre), p. 118.

• Nettoyer un four à micro-ondes

- ½ CITRON
- 250 ML D'EAU
- 1 ÉPONGE

Même si les fours à micro-ondes sont conçus pour se nettoyer seuls, un petit coup de citron ne peut pas leur faire de mal... Dans un bol allant au four à micro-ondes, mélangez l'eau et le citron puis faites chauffer à la température maximale pendant 2 minutes jusqu'à ce que l'eau bout et dégage de la vapeur (selon la puissance de votre four, vous pouvez le faire chauffer plus ou moins longtemps). Laissez la porte fermée durant 5 minutes. Quand vous l'ouvrirez, l'intérieur du four sera beaucoup plus facile à nettoyer grâce à ce bain de vapeur citronné. Essuyez soigneusement avec l'éponge synthétique.

• Nettoyer un rideau de douche

- 2 CUILLÈRES À SOUPE DE JUS DE CITRON
- 1 CUILLÈRE À SOUPE DE SEL
- 1 ÉPONGE

Pour enlever les taches de moisissures sur un rideau de douche, essayez ce « gommage » à base de citron et de sel... Mélangez-les dans une bassine puis, avec l'éponge, frottez les taches. Laissez sécher le rideau en plein air, si possible au soleil, pendant une après-midi. Lavez-le ensuite comme d'habitude.

Voir aussi : Nettoyer un rideau de douche (vinaigre), p. 120.

• Nettoyer une baignoire

- ½ CITRON
- 55 G DE BICARBONATE DE SOUDE

Saupoudrez un peu de bicarbonate de soude au fond de votre baignoire (n'hésitez pas à en mettre plus si elle est très sale) et utilisez la face coupée d'un citron en guise d'éponge. L'association citron/bicarbonate vient à bout de la crasse la plus tenace. Rincez abondamment à l'eau.

• Nettoyer une poêle antiadhésive

- 2 CUILLÈRES À SOUPE DE JUS DE CITRON
- 1 CUILLÈRE À CAFÉ DE BICARBONATE DE SOUDE
- 1 ÉPONGE

Parfois, il faut plus que de l'eau savonneuse pour dégraisser complètement la surface antiadhésive d'une poêle. Au fil du temps, de minces couches de graisse s'accumulent et forment un résidu poisseux. Pour garder vos poêles bien propres, nettoyez-les régulièrement avec un peu de citron et de bicarbonate de soude. Sitôt après les avoir lavées, versez-y le jus de citron et ajoutez le bicarbonate. Avec une éponge munie d'une face abrasive, frottez doucement. Rincez soigneusement à l'eau chaude.

• Nettoyer une râpe à fromage

- ½ CITRON

Les râpes à fromage sont de merveilleux ustensiles quand on aime le goût du fromage fraichement râpé. Mais les nettoyer est une tout autre affaire ! La solution ? Coupez 1 citron en deux et frottez sa pulpe sur les deux faces de la râpe après chaque usage : l'acide citrique empêchera le fromage de coller au métal. Rincez soigneusement à l'eau chaude.

• Ôter des taches de café ou de thé

- 1 GROS MORCEAU DE CITRON
- DE L'EAU BOUILLANTE

Pour faire partir les taches de thé ou de café sur vos tasses, rincez-les bien, écrasez 1 gros morceau de citron au fond et remplissez-les d'eau bouillante (en laissant le citron dedans, si vous le souhaitez). Laissez tremper une nuit : au matin, les taches auront sensiblement éclairci.

• Ôter des taches de fruits rouges ou de betterave

- 1 CUILLÈRE À SOUPE DE JUS DE CITRON
- 1 CUILLÈRE À SOUPE DE SEL
- 1 CHIFFON

Les fruits rouges et les betteraves contiennent des pigments qui laissent des taches (notamment sur les ustensiles en bois) particulièrement difficiles à enlever. Mais il existe un super-duo décapant qui a fait ses preuves depuis longtemps : le sel pour son effet abrasif, et le citron pour son pouvoir blanchissant et désodorisant... Mélangez le sel et le citron dans un petit récipient, appliquez cette préparation sur les taches puis frottez avec un chiffon. Si vous n'en venez pas à bout, laissez agir ce mélange quelques minutes avant de frotter. Rincez soigneusement jusqu'à disparition des taches.

Voir aussi : Nettoyer une planche à découper en bois (sel), p. 47 ; Le citron : que fait-il d'autre ?, p. 89 ; Le vinaigre : que fait-il d'autre ?, p. 123.

• Parfumer un humidificateur

- 45 ML DE JUS DE CITRON (EN 2 FOIS)
- 2 CUILLÈRES À SOUPE DE BICARBONATE DE SOUDE

Les humidificateurs sont très efficaces contre l'air sec qui sévit en hiver. Mais, à la longue, ils ne sentent pas très bon. Si tel est le cas du vôtre, frottez ses parties lavables avec 30 ml de jus de citron mélangés au bicarbonate. Rincez abondamment puis remplissez d'eau l'humidificateur en ajoutant 15 ml de jus de citron : ainsi, il libèrera des vapeurs agréablement parfumées. À faire toutes les 2 ou 3 semaines si nécessaire.

• Réaliser un désinfectant maison

- L'ÉCORCE DE 1 CITRON
- 125 ML D'ALCOOL À 90°

Pendant l'hiver (et sa cohorte de rhumes et de grippes), les microbes prolifèrent sur les surfaces que l'on touche fréquemment comme les poignées de portes ou les manches des brosses pour nettoyer les toilettes. Si quelqu'un à la maison est malade, protégez les autres personnes avec cette préparation… Versez l' alcool dans un vaporisateur et ajoutez l'écorce de citron. Laissez reposer dans un endroit sombre et frais le temps que le citron imprègne l'alcool. Puis pulvérisez ce mélange sur les endroits concernés (l'alcool va tuer les microbes et le citron va agréablement parfumer).

• Réaliser un désodorisant maison

- 125 ML DE JUS DE CITRON
- 2 CUILLÈRES À SOUPE DE BICARBONATE DE SOUDE
- 500 ML D'EAU CHAUDE

Vous voulez parfumer votre maison ? Eh bien, fabriquez vous-même votre désodorisant… Faites fondre le bicarbonate de soude dans l'eau chaude, ajoutez le citron et versez le tout dans un vaporisateur. 2 ou 3 petites pressions suffisent à diffuser une odeur de propre dans toute la maison et, en outre, cela permet de faire retomber les particules de poussière après le ménage.

Voir aussi : Désodoriser une pièce (sel), p. 39 ; Parfumer les armoires et les penderies (citron), p. 69 ; Le bicarbonate de soude : que fait-il d'autre ?, p. 144.

• Réaliser un nettoyant multi-usages

- 200 À 300 G DE RESTES D'ÉCORCE DE CITRON
- 500 ML DE VINAIGRE

Qu'obtient-on lorsqu'on combine le pouvoir dégraissant du vinaigre et l'odeur fraîche des citrons ? Le produit parfait pour tout nettoyer dans la maison ! Pour le fabriquer, mettez d'abord les restes d'écorce de citron (ou de tout autre agrume : orange, citron vert, pamplemousse) dans un pot à grande ouverture. Recouvrez de vinaigre, refermez le pot et laissez reposer dans un endroit sombre et frais pendant environ 4 semaines (en secouant énergiquement le pot environ une fois par semaine). Filtrez le mélange à travers une étamine à fromage et jetez les restes d'écorces de citron.

Voir aussi : Réaliser un nettoyant multi-usages (bicarbonate de soude), p. 158.

• Se débarrasser des insectes nuisibles

- 4 CITRONS AVEC L'ÉCORCE (OU LEUR JUS)
- 2 L D'EAU

Les insectes ont une véritable aversion pour l'odeur du jus de citron, surtout les cafards, les puces et les fourmis. Pour vous débarrasser des deux premiers, utilisez cette recette pour vos sols (sauf les tapis et les moquettes)... Aspergez-les avec cette solution et frottez-les bien. Si vous êtes envahi(e) par les fourmis, pressez des citrons et versez leur jus aux points d'entrée (pas de portes, rebords de fenêtres, petits trous, fentes du parquet...). Pour plus d'efficacité, coupez l'écorce des citrons en petits morceaux et disposez ceux-ci à l'extérieur, devant la porte d'entrée.

Voir aussi : Se débarrasser des chenilles (sel), p. 55 ; Se débarrasser des puces (sel), p. 52 ; Le sel : que fait-il d'autre ?, p. 57 ; Éloigner les moustiques (citron), p. 93 ; Se débarrasser d'une fourmilière (citron), p. 94 ; Fabriquer un piège pour les mouches (vinaigre), p. 114.

LE CITRON : QUE FAIT-IL D'AUTRE ?

Désodoriser les ustensiles de cuisine en bois
Les cuillères et les planches à découper en bois ont tendance à garder l'odeur de certains aliments (ail, oignon...). Et, à cause de leur texture poreuse, il vaut mieux éviter de les mettre au lave-vaisselle. Alors que faire ? Les laver avec une éponge synthétique et les frotter avec la pulpe de 1/2 citron.

Voir aussi : Nettoyer une planche à découper en bois (sel), p. 47 ; Ôter des taches de fruits rouges ou de betterave (citron), p. 86 ; Le vinaigre : que fait-il d'autre ?, p. 123.

Neutraliser l'odeur de vinaigre Si vous utilisez des recettes à base de vinaigre et que vous n'aimez pas son odeur, écrasez un peu d'écorce de citron dedans avant de vous en servir. Autre solution pour atténuer l'odeur : récupérez 1 poignée de zeste et mettez-la dans une bouteille de vinaigre blanc. Conservez dans un endroit frais et sombre.

Parfumer un feu de cheminée Si vous disposez d'une cheminée et qu'il vous reste des écorces de citron, ne jetez pas celles-ci ! Coupez-les en gros morceaux, faites-les sécher dans un endroit sec (ou en bas d'un meuble sur du papier absorbant), puis ajoutez-les à votre petit bois pour obtenir un feu délicieusement parfumé.

Avec les enfants

• Fabriquer de l'encre invisible

- 90 ML DE JUS DE CITRON
- 1 FEUILLE DE PAPIER BLANC
- 1 COTON-TIGE

Rédigez un message sur la feuille de papier avec le coton-tige trempé dans du jus de citron. Quand « l'encre » aura séché, placez la feuille près d'une ampoule chaude (pas trop près !). Vous verrez l'encre brunir et le message qui était invisible apparaîtra.

• Faire briller de vieilles pièces

- 90 ML DE JUS DE CITRON
- DES PIÈCES JAUNES (OU EN CUIVRE)

Pour redonner de l'éclat à de vieilles pièces ternies qui enchanteront vos enfants, rien ne vaut l'acidité du citron... Faites tremper les pièces dans le jus de citron pendant 15 à 20 minutes. Faites-les sécher sur du papier absorbant.

Pour les animaux domestiques

• Empêcher un chat de ruiner les plantes d'intérieur

- 1 POIGNÉE D'ÉCORCES DE CITRON
- UN PEU DE MARC DE CAFÉ

Pour empêcher votre chat de s'attaquer à vos plantes d'intérieur, barrez-lui-en l'accès avec des morceaux d'écorce de citron. Après les avoir hachés au mixer, mélangez-les avec un reste de café dans un récipient. Incorporez ce mélange à la terre. Les chats détestent tellement l'odeur du citron qu'ils éviteront vos plantes.

Voir aussi : Éloigner les animaux importuns (vinaigre), p. 128 ; et Empêcher un chat de faire des dégâts (vinaigre), p. 126.

• Fabriquer un vaporisateur anti-puces

- 1 CITRON
- 500 ML D'EAU

COMMENT CONSERVER LES CITRONS ?

On peut garder des citrons frais à température ambiante pendant environ 2 semaines et jusqu'à 6 semaines quand on les met dans un sac en plastique au réfrigérateur. Une fois coupés, il faut les utiliser le plus vite possible ou congeler leur jus dans un bac à glaçons et leur zeste dans des sacs de congélation.

Pour préparer cette lotion anti-puces, coupez 1 citron en quatre ou six morceaux et mettez-les dans un grand saladier en verre. Faites bouillir l'eau et versez-la sur les morceaux. Laissez mariner toute la nuit. Le lendemain, filtrez la lotion et transférez-la dans un vaporisateur. Servez-vous-en pour asperger copieusement votre chien ou votre chat de la tête à la queue, en insistant derrière les oreilles mais en évitant les yeux.

Voir aussi : Se débarrasser des puces (sel), p. 52 ; et Se débarrasser des insectes nuisibles (citron), p. 88.

En plein air et dans le jardin

• Éloigner les moustiques

• L'ÉCORCE DE 1 CITRON

Si vous voulez vous débarrasser des moustiques, en été, récupérez l'écorce d'un citron et frottez-en l'extérieur (la partie jaune) sur votre peau pour l'imprégner d'huiles essentielles. En pliant l'écorce entre vos doigts et en appuyant légèrement dessus, vous libérerez les huiles.

Voir aussi : Le vinaigre : que fait-il d'autre ?, p. 131 ; et Calmer les piqûres de moustiques (bicarbonate de soude), p. 145.

• Fabriquer du « savon de jardinier »

• ½ CITRON
• 1 CUILLÈRE À CAFÉ DE SEL

Quand on passe un après-midi entier à travailler dans le jardin, on finit souvent avec les mains si sales et si collantes qu'il n'est pas facile de les nettoyer à l'eau et au savon. Or, il existe une alternative aux produits détergents… Mettez le sel dans une de vos paumes, pressez le citron dessus et frottez-vous doucement les mains (à éviter si vous avez des coupures ou les cuticules abîmés). Le sel est un abrasif naturel et le jus de citron agit contre les résidus collants des plantes. Rincez abondamment et séchez-vous les mains. Mettez ensuite une crème hydratante si votre peau « tire ».

Voir aussi : Ôter de la résine (sel), p. 55.

• Se débarrasser des pucerons

- 1 CUILLÈRE À SOUPE DE JUS DE CITRON
- 1 CUILLÈRE À SOUPE DE SHAMPOOING
- 500 ML D'EAU

L'arrivée de pucerons dans un jardin augure souvent d'une véritable invasion. Pour empêcher que ça ne dégénère, confectionnez cette solution en ajoutant le jus de citron, le shampooing et l'eau dans un récipient. Secouez pour mélanger puis versez dans un vaporisateur et aspergez-en les feuilles malades.

Voir aussi : Se débarrasser des insectes nuisibles (citron), p. 88 ; et Se débarrasser des limaces (sel), p. 55.

• Se débarrasser d'une fourmilière

- 1 POIGNÉE D'ÉCORCES DE CITRON
- 250 ML D'EAU CHAUDE

Jetez une poignée d'écorces de citron coupées en gros morceaux dans un mixer et, pendant qu'il tourne, ajoutez l'eau pour obtenir un liquide citronné. Versez celui-ci sur la fourmilière.

Voir aussi : Se débarrasser des insectes nuisibles (citron), p. 88 ; et Le sel : que fait-il d'autre ?, p. 57.

le vinaigre

Le vinaigre se forme lorsque des bactéries ont transformé un liquide fermenté en une solution faiblement acide. Pour en comprendre le fonctionnement, il faut savoir que le vinaigre est le produit dérivé d'une succession de processus naturels impliquant plusieurs types de bactéries. D'abord, certaines d'entre elles transforment les aliments contenant des sucres en alcool lors du processus de fermentation (c'est ainsi que l'on obtient du vin avec du raisin et de la bière avec du houblon). Intervient ensuite un autre groupe de bactéries qui transforme l'alcool contenu dans le liquide en acide acétique. Cet acide est le composant essentiel du vinaigre.

Brève histoire du vinaigre

Le mot « vinaigre » vient des mots « vin » et « aigre ». Il constitue moins une invention qu'une découverte fortuite qui remonte sans doute à 10 000 ans lorsqu'une carafe de vin fut laissée ouverte. Au contact de l'air, le vin a fermenté jusqu'à ce que l'alcool se transforme en acide acétique.

Le vinaigre est populaire depuis très longtemps. On en a retrouvé des traces dans les navires de l'Égypte ancienne et de nombreux ouvrages de médecine chinoise, ainsi que des écrits d'Hippocrate le mentionnent. On l'utilisait pour conserver les aliments, soigner des infections et des plaies (comme antiseptique et désodorisant), comme condiment et même comme boisson.

Hannibal s'est servi de vinaigre chaud pour déblayer les gros rochers qui barraient la route à son armée dans les Alpes. Les voleurs s'en versaient sur eux pour tuer les microbes après avoir dépouillé les victimes de la grande peste au XIVe siècle. Plus tard, au XVIIe siècle, les gens tenaient des éponges imbibées de vinaigre contre leur nez pour atténuer l'odeur des égouts. Et durant la Première Guerre mondiale, les médecins l'employaient pour nettoyer les blessures sur les champs de bataille.

En raison de la forte demande et de la difficulté à faire soi-même du bon vinaigre, le commerce de celui-ci a démarré très tôt, vers 2000 avant J.-C. Vers la fin du XIIIe siècle, des maîtres vinaigriers français ont mis au point la méthode orléanaise — une technique de fabrication permettant d'avoir en permanence du vinaigre en ajoutant du cidre ou du vin dans les tonneaux contenant un fond de vinaigre, dit « mère de vinaigre ». On s'est aussi mis très vite à les parfumer en y mettant à infuser des herbes, des fruits, des épices. En 1869, H.J. Heinz a été le premier à produire et distribuer du vinaigre à grande échelle.

Les propriétés du vinaigre

Comme le citron, qui doit son acidité et son formidable pouvoir détachant à l'acide citrique, le vinaigre tient ses principales qualités de l'acide acétique qui en fait un excellent produit ménager. Celui qui est vendu dans le commerce possède un taux d'acide acétique variant entre 4 et 7 %, et c'est précisément en raison de ce taux très bas qu'il est à la fois goûteux et performant.

En cuisine, comme les bactéries ne peuvent pas proliférer dans un milieu acide, le vinaigre sert de conservateur pour les cornichons, la moutarde et autres condiments. Il est aussi un ingrédient clé pour les marinades car l'acide casse les protéines et attendrit la viande avant la cuisson.

Le vinaigre fait des miracles dans la maison car il tue les microbes et neutralise les taches acides et à base de protéines (comme la moutarde, l'herbe et le sang) en les diluant et en les empêchant de s'incruster dans les tissus. Il peut même s'utiliser sur les vêtements de bébé.

On peut faire son propre vinaigre bien que ce ne soit pas vraiment recommandé car beaucoup de facteurs influent sur la qualité du produit final. De plus, les vinaigres du commerce sont peu coûteux et faciles à trouver. Pour les conserver au mieux, stockez-les dans un endroit frais et sec avec le bouchon bien fermé.

LE VINAIGRE FAIT MÊME DU PETIT LAIT !

Si vous avez une recette nécessitant du petit lait (ou babeurre), inutile de foncer à la crèmerie la plus proche. Mélangez juste 1 cuillère à soupe de vinaigre dans 250 ml de lait. Celui-ci épaissira instantanément et donnera un petit goût aigre à votre plat.

Les principales sortes de vinaigres

Le vinaigre est un produit aux multiples saveurs. Outre le vinaigre de vin, il existe des vinaigres de cidre, de pomme... Leur parfum leur est donc donné par l'ingrédient principal à base duquel ils sont produits. Le vinaigre balsamique, à la saveur aigre-douce caractéristique, est fabriqué en Italie. Il s'agit d'un vinaigre de vin, réalisé exclusivement à partir du moût de raisin cuit. Sinon, les vinaigres peuvent être aussi aromatisés : ils ont la propriété de s'imprégner des autres saveurs ; aussi peut-on les faire infuser dans le jus de framboise, avec l'estragon, le basilic, le piment... afin de créer de délicieux vinaigres parfumés. En Asie, les vinaigres sont souvent faits à base de riz et ont un goût très légèrement sucré.

Pour un usage quotidien et les recettes de ce livre, utilisez, sauf avis contraire, du vinaigre blanc distillé. Il ne tache pas et est très bon marché.

Pour le linge de maison et les vêtements

• Détacher les chaussures en cuir

• 125 ML DE VINAIGRE
• 125 ML D'EAU

L'hiver, il suffit parfois de faire quelques mètres sur un trottoir couvert de neige fondue et de sel pour en imprégner ses chaussures. Et si l'on ne fait rien, les auréoles finissent par s'accumuler et les abîmer. Voici une recette pour y remédier... Mélangez l'eau et le vinaigre dans un récipient, trempez un chiffon doux dans le produit et tamponnez-le délicatement (et avec parcimonie) sur les auréoles. Répétez l'opération si nécessaire jusqu'à ce que tout soit parti et laissez sécher à l'air.

Voir aussi : Fabriquer du cirage (citron), p. 67.

• Éliminer l'odeur de cigarette

• 1 L DE VINAIGRE
• 10 L D'EAU BOUILLANTE ENVIRON

Que faire si l'odeur de cigarette a imprégné les vêtements (et la penderie) et que l'on ne peut pas les mettre à la machine ?

Remplissez votre baignoire avec l'eau bouillante et le vinaigre. Puis suspendez les vêtements au-dessus de la baignoire, dans la vapeur (fermez la porte pour éviter qu'elle ne s'échappe). Laissez les vêtements pendre ainsi toute la nuit : ils devraient sentir nettement plus frais le lendemain !

• Éliminer l'odeur de moisi

• 500 ML DE VINAIGRE

Que celui ou celle qui n'a jamais oublié du linge dans une machine à laver jette la première pierre ! Parfois, l'odeur de moisi est si tenace qu'elle ne part pas au lavage. La solution ? Refaire un cycle chaud avec le vinaigre et sans lessive. Après le premier cycle, redémarrer la machine avec la dose normale de lessive.

Voir aussi : Neutraliser les odeurs de linge sale (bicarbonate de soude), p. 143.

• Entretenir le cuir

• 1 CUILLÈRE À SOUPE DE VINAIGRE
• 1 CUILLÈRE À SOUPE D'HUILE DE LIN
• 1 CHIFFON DOUX
• 1 PEAU DE CHAMOIS

Pour nettoyer et nourrir la plupart des objets en cuir (sauf les chaussures — voir ci-dessous), versez le vinaigre et l'huile de lin dans un pot en verre puis mélangez. Appliquez ce produit avec le chiffon et frottez légèrement ensuite avec une peau de chamois.

ATTENTION : Les chiffons imbibés d'huile de lin sont hautement inflammables ; alors mettez-les dans l'eau aussitôt après usage et ne les passez jamais au sèche-linge.

Voir aussi : Détacher le cuir (citron), p. 66.

• Entretenir les chaussures en cuir

- 1 CUILLÈRE À SOUPE DE VINAIGRE
- 1 CUILLÈRE À SOUPE D'HUILE DE LIN
- 1 CHIFFON DOUX

Pour réaliser une lotion pour vos chaussures et garder leur cuir souple et doux, mélangez le vinaigre et l'huile de lin5 puis versez le produit ainsi obtenu dans un petit pot en verre. Appliquez-en sur vos chaussures avec un chiffon doux et lustrez légèrement.

ATTENTION : Les chiffons imbibés d'huile de lin sont hautement inflammables ; alors mettez-les dans l'eau aussitôt après usage et ne les passez jamais au sèche-linge.

Voir aussi : Fabriquer du cirage (citron), p. 67.

• Faire des plis sans amidon

- 75 ML DE VINAIGRE
- 150 ML D'EAU
- DU PAPIER CUISSON

Il n'y a pas que l'amidon pour faire tenir les plis... Dans un récipient, mélangez le vinaigre et l'eau puis versez ce liquide dans un vaporisateur. Pulvérisez légèrement l'endroit où vous voulez faire un pli, couvrez avec un morceau de papier cuisson et repassez comme à l'accoutumée. Et pour enlever les plis, vous pouvez aussi utiliser ce produit, particulièrement efficace avec les pantalons de serge et les jeans.

Voir aussi : Nettoyer un fer à repasser (vinaigre), ci-contre.

UN PARI GAGNÉ PAR CLÉOPÂTRE GRÂCE À DU VINAIGRE

Si l'on en croit la légende, Cléopâtre, l'impétueuse reine d'Égypte, a un jour parié qu'elle pourrait avaler une véritable fortune en une seule fois. Ce qu'elle fit... en faisant fondre des perles dans une tasse de vinaigre.

• Nettoyer des oreillers

- 60 ML DE VINAIGRE

Pour lutter contre les problèmes d'allergie, pensez à nettoyer vos oreillers. Selon les fabricants, il faudrait les laver tous les 6 mois pour les débarrasser des peaux mortes, des moisissures et des insectes microscopiques qui y prolifèrent. Lorsqu'ils seront dans la machine, ajoutez le vinaigre à la dernière eau de rinçage (à la place de votre adoucissant habituel si vous en utilisez). Dans le cas d'oreillers en duvet, placez une balle de tennis dans le tambour pour éviter au duvet de se mettre en boule pendant l'essorage.

• Nettoyer un fer à repasser

- 125 ML DE VINAIGRE
- 1 CUILLÈRE À SOUPE DE BICARBONATE DE SOUDE
- 125 ML D'EAU

En principe, il vaut mieux utiliser de l'eau déminéralisée pour les fers à repasser afin d'éviter la formation de calcaire dans et sur la semelle. Mais si vous avez besoin de « décrasser » la vôtre, essayez cette recette... Dans un récipient, mélangez le vinaigre, le bicarbonate (si la semelle est très sale) et l'eau. Mouillez une vieille serviette propre avec cette solution et repassez-la jusqu'à ce que la semelle soit débarrassée de tout le calcaire.

Voir aussi : Faire des plis sans amidon (vinaigre), p. 102.

• Ôter des taches de transpiration

- 60 ML DE VINAIGRE
- 1 CUILLÈRE À SOUPE DE BICARBONATE DE SOUDE
- 10 L D'EAU ENVIRON

Si vos vêtements présentent des taches dues à la transpiration, mélangez le vinaigre et le bicarbonate dans un récipient puis étalez un peu de cette pâte sur les zones concernées en la faisant bien pénétrer (faites d'abord un test sur un endroit peu visible du tissu car le vinaigre peut abîmer les vêtements colorés et la soie). Lavez ensuite comme d'habitude.

CONSEIL : Assurez-vous que les taches sont bien parties avant de passer votre linge au sèche-linge car, en plus de les fixer, la chaleur risque de les rendre plus visibles et plus sombres.

Voir aussi : Ôter des taches de transpiration (citron), p. 69.

• Sauver un pull en laine qui a rétréci

- 1 L DE VINAIGRE
- 2 L D'EAU

Si vous avez un jour la mauvaise surprise de récupérer votre vêtement en laine tout rétréci à cause d'un passage accidentel à la machine (sous l'effet de la chaleur et de l'humidité, les fibres de laine s'agglomèrent), vous pouvez encore tenter quelque chose

LE VINAIGRE : QUE FAIT-IL D'AUTRE ?

Nettoyer des chaussures en daim L'idéal, pour nettoyer le daim, est de le confier à un professionnel. Vous pouvez toutefois tenter de le faire vous-même grâce au vinaigre... Passez une vieille serviette de toilette sur le daim dans le sens de la fibre. Frottez-en les salissures sèches avec une gomme propre pour les désincruster ou, si elles sont encore humides, tamponnez-les avec du papier absorbant. Trempez ensuite un coin de la serviette dans 45 ml de vinaigre puis appliquez-le avec modération sur les taches. Laissez sécher à l'air. Quant à l'odeur de vinaigre, elle finira par s'estomper.

Rendre le linge plus propre et plus doux Lors de votre prochaine lessive, ajoutez 250 ml de vinaigre à la dernière eau de rinçage. L'acide du vinaigre va dissoudre les résidus de lessive qui finissent par rendre les vêtements rêches. En outre, il décompose l'acide présent dans l'urine (c'est pourquoi il est recommandé pour les vêtements du bébé et de l'enfant), empêche le jaunissement, agit comme un adoucissant, réduit les effets de l'électricité statique et détruit les moisissures.

Voir aussi : Réaliser un adoucissant naturel (citron), p. 71 ; et Améliorer une lessive ordinaire (bicarbonate de soude), p. 141.

afin de lui redonner sa forme initiale. Mais il faut qu'il soit encore humide... Mélangez l'eau et le vinaigre dans une grande casserole et portez à ébullition. Maintenez un léger frémissement et faites tremper votre pull pendant 10 à 20 minutes. Retirez du feu et laissez refroidir dans la casserole. Étalez votre pull sur des serviettes pour absorber le trop-plein d'eau sans le rincer. Déposez-le à plat sur de nouvelles serviettes et étirez-le doucement jusqu'à ce qu'il retrouve sa taille d'origine. Faites-le sécher à l'air (l'odeur de vinaigre disparaîtra progressivement).

Pour la santé et la beauté

Éliminer les odeurs de pieds

- 500 ML DE VINAIGRE

Si vos pieds ont tendance à « embaumer », vaporisez-les avec du vinaigre tous les soirs pendant quelques semaines. En plus de tuer les bactéries responsables des mauvaises odeurs, le vinaigre va aussi modifier le taux de pH de votre peau et la protéger des mycoses.

Voir aussi : Désodoriser les chaussures et leur meuble (bicarbonate de soude), p. 142 ; Éliminer les odeurs de pieds (bicarbonate de soude), p. 146.

Enlever une verrue

- 1 CUILLÈRE À CAFÉ DE VINAIGRE DE CIDRE
- 1 MORCEAU DE COTON

Depuis longtemps, le vinaigre de cidre est utilisé pour faire disparaître les verrues... Imprégnez le coton de vinaigre de cidre et posez-le sur la verrue. Bandez ensuite votre pied pour le maintenir en place toute la nuit. Le lendemain, lavez soigneusement la zone concernée avec de l'eau et du savon et recommencez la nuit suivante. À refaire environ pendant 15 jours.

Voir aussi : Enlever de la corne des pieds (citron), p. 74.

• Nettoyer un peigne ou une brosse à cheveux

- 45 ML DE VINAIGRE
- 42 G DE BICARBONATE DE SOUDE
- DE L'EAU CHAUDE

Pour ne pas vous salir les cheveux à chaque coup de peigne ou de brosse, il faut penser à nettoyer ceux-ci… Pour décrasser naturellement vos accessoires de coiffure, mettez-les dans un évier et saupoudrez-les de bicarbonate de soude, puis versez le vinaigre dessus et laissez agir (ou plutôt pétiller) quelques minutes. Remplissez l'évier d'eau chaude et laissez vos peignes et brosses tremper quelques heures. Rincez soigneusement en prenant soin d'ôter ce qu'il reste de cheveux et laissez sécher à l'air.

Voir aussi : Le bicarbonate de soude : que fait-il d'autre ?, p. 150.

• Prévenir l'« otite du nageur »

- 2 CUILLÈRES À SOUPE DE VINAIGRE
- 2 CUILLÈRES À SOUPE D'ALCOOL ISOPROPYLIQUE (ISOPROPANOL)
- 1 MORCEAU DE COTON

L' « otite du nageur » est une infection bactérienne qui touche le conduit auditif externe de l'oreille (non le conduit interne, comme pour les otites classiques). Elle survient quand on passe beaucoup de temps dans l'eau et que la couche de cérumen qui protège cette zone sensible s'amenuise. Pour évacuer l'eau (et donc les bactéries) des oreilles après s'être baigné ainsi que diminuer les risques d'infection, mélangez le vinaigre et l'alcool isopropylique dans une petite bouteille puis glissez celle-ci dans votre sac. Après chaque baignade, trempez le coton dans cette lotion et faites-en tomber quelques gouttes dans vos oreilles.

Voir aussi : Protéger ses cheveux du chlore (citron), p. 76.

• Réaliser une eau de rinçage aux fleurs

- 250 ML DE VINAIGRE
- 2 OU 3 BRINS DE LAVANDE FRAÎCHE OU DES PÉTALES DE ROSE
- 500 ML D'EAU

Voici une recette que vos cheveux vont adorer ! Mélangez le vinaigre avec les fleurs de lavande ou les pétales de rose dans un pot en verre. Posez un couvercle dessus et laissez reposer pendant 2 semaines environ, puis filtrez avec une passoire fine. Ajoutez l'eau pour diluer le vinaigre et transvasez le tout dans une bouteille. Versez sur vos cheveux après chaque shampooing puis rincez.

Voir aussi : Éclaircir ses cheveux (citron), p. 74 ; Réaliser une eau de rinçage (citron), p. 77 ; Le bicarbonate de soude : que fait-il d'autre ?, p. 150.

• Soigner une mycose

- 250 ML DE VINAIGRE DE CIDRE
- 250 ML D'EAU CHAUDE

La mycose est une infection cutanée due à des champignons. Elle se présente sous la forme de rougeurs qui démangent. Elle prospère sur les milieux chauds et humides (comme les zones des pieds, des aisselles...) et peut rapidement s'étendre. Pour y remédier, confectionnez ce produit naturel à base de vinaigre de cidre... Si vous avez une mycose au pied, trempez-le dans le vinaigre et l'eau (que vous aurez préalablement mélangés dans une bassine) pendant 20 minutes, 2 fois par jour. Relavez votre pied puis séchez-le soigneusement. À faire durant environ 2 semaines.

• Soulager ses muscles

- 750 ML DE VINAIGRE DE CIDRE
- 10 L D'EAU CHAUDE ENVIRON

Le vinaigre de cidre aide aussi à lutter contre les crampes et autres douleurs musculaires. Ajoutez-le à un bain chaud et plongez-vous dedans.

Voir aussi : Réaliser un bain de pieds (sel), p. 33) ; et Réaliser un bain de pieds ou de mains (bicarbonate de soude), p. 147.

• Soulager les piqûres de méduses

- 250 ML DE VINAIGRE

Les tentacules des méduses libèrent une toxine très irritante et très douloureuse. Si vous allez à la plage, pensez donc à glisser dans votre sac une bouteille de vinaigre : rien n'est plus efficace contre ce genre de piqûres. Ne mettez surtout pas d'eau douce sur la méduse car le changement du taux de pH pourrait l'inciter à libérer encore plus de toxine. Versez plutôt dessus le vinaigre, qui neutralisera le poison, puis soulevez délicatement les tentacules.

ATTENTION : Si vous ressentez la moindre douleur aux muscles ou au dos, si vous avez du mal à respirer ou présentez de l'urticaire, consultez aussitôt un médecin car il se peut que ces symptômes signifient que vous avez été piqué(e) par une espèce de méduse très toxique, telle que la galère portugaise de l'Atlantique (ou physalie).

Voir aussi : Calmer les piqûres de moustiques (bicarbonate de soude), p. 145.

DES BACTÉRIES BÉNÉFIQUES ?

Certains vinaigres sont filtrés et pasteurisés pour les rendre transparents. D'autres, tels que le vinaigre de cidre, de malt, etc., souvent plus parfumés, peuvent être millésimés. Ceux-là ne sont en principe ni filtrés ni pasteurisés et comportent ainsi des bactéries qui prolifèrent à la surface avant de tomber au fond de la bouteille – ce qui donne au vinaigre un aspect brouillé. Ces bactéries ne sont pas dangereuses et certains adeptes des produits naturels pensent qu'elles sont même bonnes pour la santé.

Pour le ménage, l'entretien et la décoration

• Déboucher une canalisation

- 125 ML DE VINAIGRE
- 110 G DE BICARBONATE DE SOUDE
- 2 L D'EAU

Si vous avez un problème d'écoulement difficile, essayez cette recette facile et naturelle... Versez le bicarbonate dans la canalisation et ajoutez le vinaigre. Laissez agir 15 minutes. Pendant ce temps, faites bouillir l'eau. Au bout de 15 minutes, versez l'eau bouillante dans la canalisation. À faire chaque mois pour avoir des canalisations propres et qui sentent le frais !

Voir aussi : Déboucher une canalisation (sel), p. 38 ; et Déboucher une canalisation (bicarbonate de soude), p. 151.

• Désinfecter le plan de travail et l'évier

- 60 ML DE VINAIGRE
- 1 CHIFFON

Grâce à son acidité, le vinaigre tue non seulement la plupart des bactéries mais les empêche de revenir... Avec un chiffon propre, appliquez le vinaigre sur votre plan de travail et à l'intérieur de votre évier. Ne rincez pas à l'eau. Laissez plutôt sécher à l'air (l'odeur va s'estomper peu à peu).

Voir aussi : Réaliser un nettoyant multi-usages (citron), p. 88 ; Nettoyer un évier en porcelaine (bicarbonate de soude), p. 157 ; Réaliser un nettoyant multi-usages (bicarbonate de soude), p. 158.

• Désodoriser des bocaux

- 30 À 45 ML DE VINAIGRE

Utiliser des bocaux qui se ferment hermétiquement est à la fois écologique et économique. Mais, pour pouvoir s'en resservir, il faut neutraliser leur odeur... Versez le vinaigre au fond d'un bocal vide. Fermez-le et remuez pour bien répartir le vinaigre. Laissez agir 1 heure puis lavez. En cas d'odeur tenace, laissez agir toute la nuit.

Voir aussi : Désodoriser une bouteille Thermos ou une glacière (sel), p. 39.

• Détapisser les murs

- 250 ML DE VINAIGRE
- 1 L D'EAU CHAUDE
- 2 À 3 GOUTTES DE LIQUIDE VAISSELLE
- 1 SEAU OU 1 BASSINE
- 1 GROSSE ÉPONGE
- 1 SPATULE

Au lieu de louer une décolleuse ou d'acheter un produit spécial pour retirer le papier peint, essayez cette recette... Dans le seau ou la bassine, mélangez le vinaigre, l'eau chaude et le liquide vaisselle (n'hésitez pas à augmenter les quantités si nécessaire). Appliquez généreusement le produit avec l'éponge sur le papier peint. Laissez agir 5 à 10 minutes puis retirez le papier peint à la spatule. Pour enlever les traces de colle, lavez les murs nus avec l'éponge imbibée du même produit.

• Empêcher un four de graisser

- 125 ML DE VINAIGRE
- 125 ML D'EAU DÉMINÉRALISÉE
- 1 CHIFFON

Pour éviter que les parois de votre four ne se couvrent de graisse, traitez-les avec ce mélange constitué de vinaigre et d'eau déminéralisée (pour ne pas avoir de dépôts de calcaire). Appliquez-le avec le chiffon et laissez sécher à l'air avant d'utiliser votre four.

Voir aussi : Nettoyer un four (sel), p. 46.

• Fabriquer un piège pour les mouches

- 2 CUILLÈRES À SOUPE DE VINAIGRE DE CIDRE
- 1 PETIT MORCEAU DE FRUIT MÛR
- DU FILM ALIMENTAIRE

Si des drosophiles, appelées aussi « mouches du vinaigre », sont attirées par la bonne odeur de fruits mûrs, fabriquez un piège en mettant 1 petit morceau de fruit très mûr dans un bol. Recouvrez celui-ci de vinaigre de cidre. Fermez avec du film alimentaire et percez une douzaine de petits trous dans le plastique : les drosophiles entreront dans le bol... et ne pourront plus en ressortir !

• Fabriquer une crème à récurer

- 1 CUILLÈRE À SOUPE DE VINAIGRE
- 1 CUILLÈRE À SOUPE DE SEL
- 1 CUILLÈRE À SOUPE DE FARINE
- 2 CHIFFONS DOUX

Voici une recette très simple dont les effets sont stupéfiants et sans danger pour vos ustensiles en métal... Dans un récipient, mélangez le vinaigre, le sel et la farine jusqu'à l'obtention d'une pâte. À l'aide d'un premier chiffon, répartissez celle-ci sur vos casseroles et sur vos plats puis frottez légèrement. Rincez à l'eau chaude. Séchez avec l'autre chiffon.

Voir aussi : Nettoyer le matériel de cuisine (bicarbonate de soude), p. 154.

• Faire briller les verres

- 1 L DE VINAIGRE
- 1 TORCHON

Redonnez de l'éclat à vos verres en les faisant tremper dans du vinaigre. Disposez-les dans une petite bassine et versez assez de vinaigre pour les recouvrir complètement (plus ou moins la quantité indiquée selon le nombre de verres à traiter). Laissez tremper 1 à 2 heures. Rincez-les soigneusement, lavez-les à la main avec de l'eau chaude et séchez-les avec un torchon qui ne peluche pas.

CONSEIL : Pour éviter que vos verres ne s'encrassent, versez un peu de vinaigre dans votre lave-vaisselle avant de le lancer.

Voir aussi : Le sel : que fait-il d'autre ?, p. 48.

• Faire briller les lambris

- 60 ML DE VINAIGRE
- 2 CUILLÈRES À SOUPE D'HUILE D'OLIVE
- 500 ML D'EAU CHAUDE
- 1 CHIFFON

Pour redonner brillance et chaleur à vos lambris, mettez le vinaigre, l'huile d'olive et l'eau chaude dans un pot à large col fermant avec un couvercle (un pot à mayonnaise fera l'affaire). Secouez pour bien mélanger les ingrédients. Appliquez ce liquide de façon uniforme sur les lambris avec le chiffon et laissez sécher.

• Nettoyer des pinceaux

- 500 À 750 ML DE VINAIGRE
- 1 PETITE CASSEROLE À FOND ÉPAIS

Pour nettoyer ou assouplir des pinceaux, rien de tel que le vinaigre ! Placez ceux-ci dans la casserole (de préférence destinée au bricolage) et versez-y le vinaigre. Laissez reposer 1 à 2 heures puis mettez la casserole sur le feu et faites chauffer à feu doux pendant 10 à 20 minutes. Rincez à l'eau froide.

• Nettoyer la robinetterie

- 175 ML DE VINAIGRE
- 175 ML D'EAU
- DU PAPIER ABSORBANT

Grâce à son pouvoir dégraissant, le vinaigre est un excellent produit pour faire briller les robinets en chrome ou en inox... Dans un vaporisateur, mélangez le vinaigre et l'eau. Vaporisez, puis essuyez et frottez avec le papier absorbant sec.

Voir aussi : Nettoyer une pomme de douche (vinaigre), p. 122 ; et Nettoyer l'inox (bicarbonate de soude), p. 155.

• Nettoyer le cristal

- 250 ML DE VINAIGRE
- 2 OU 3 GOUTTES DE LIQUIDE VAISSELLE

Pas facile de laver un vase en cristal, surtout si son col est étroit. Un conseil : ne le mettez pas au lave-vaisselle car le cristal est très vulnérable à l'eau chaude et risque de se fendre. Remplissez-le de vinaigre et de quelques gouttes de liquide vaisselle. Laissez agir 1 heure puis rincez abondamment. L'acide acétique du vinaigre va nettoyer le cristal en douceur et lui rendre son éclat d'origine.

Voir aussi : Nettoyer un lustre en cristal (vinaigre), p. 120.

• Nettoyer les boiseries, les murs et les stores

- 125 ML DE VINAIGRE
- 250 ML D'AMMONIAQUE
- 55 G DE BICARBONATE DE SOUDE
- DE L'EAU CHAUDE
- 1 ÉPONGE OU 1 CHIFFON

Voici un produit qui va vous rendre un grand service pour nettoyer les murs peints, les boiseries et les stores en tissu... Mélangez le vinaigre, l'ammoniaque, le bicarbonate et l'eau dans un grand seau. Avec une éponge ou un chiffon, étalez cette solution sur tous ces supports puis rincez à l'eau. Vous délogerez ainsi facilement la poussière et les saletés sans rien abîmer et sans faire de traces.

• Nettoyer les sols

- 250 ML DE VINAIGRE
- 250 ML D'ALCOOL ISOPROPYLIQUE (ISOPROPANOL)
- 250 ML D'EAU CHAUDE
- 6 GOUTTES DE LIQUIDE VAISSELLE

Pour nettoyer vos sols en deux temps trois mouvements, fabriquez ce nettoyant multi-usages... Remplissez un vaporisateur de taille moyenne avec le vinaigre, l'alcool, l'eau et le liquide vaisselle. Secouez doucement pour bien mélanger. Vaporisez la zone à nettoyer, rincez puis séchez. Le vinaigre est idéal pour empêcher les sols de se couvrir de traces de calcaire en séchant.

Voir aussi : Le bicarbonate de soude : que fait-il d'autre ?, p. 156.

• Nettoyer les stores en métal

- 250 ML DE VINAIGRE
- 250 ML D'EAU CHAUDE

Au lieu de jeter vos chaussettes dépareillées, gardez-les pour le grand ménage de printemps. Elles vous seront très utiles pour nettoyer vos stores... Glissez la main dans une chaussette et plongez-la dans un bol contenant le vinaigre et l'eau chaude. Essorez bien et passez votre main sur les lamelles pour ôter la poussière.

• Nettoyer les vitres et les miroirs

- 125 ML DE VINAIGRE
- DU PAPIER JOURNAL
- 1 CHIFFON DOUX
- DU LIQUIDE VAISSELLE (SI BESOIN)

LE ROI DES VINAIGRES

Une bouteille de vrai vinaigre balsamique de Modène peut coûter plusieurs centaines d'euros ! Deux raisons à cela : son âge (d'au moins 12 à 100 ans car, comme le bon vin, plus le temps passe, plus le vinaigre s'améliore) et le fait qu'il soit produit en très petite quantité chaque année. Même si on le trouve parfois classé dans les vinaigres de vin, il est fabriqué avec du moût de raisin blanc sucré qui est bouilli jusqu'à l'obtention d'un sirop foncé, puis vieilli dans des tonneaux en châtaignier. Heureusement, il a un tel parfum que quelques gouttes suffisent !

Vous rêvez de vitres, de glaces et de miroirs étincelants et sans traces ? Versez le vinaigre dans un bol peu profond ou dans une casserole. Mettez une feuille de papier journal en boule et trempez-la dedans. Frottez plusieurs fois la vitre (ou le miroir) avec le papier journal jusqu'à ce qu'elle soit presque sèche. Puis faites briller avec un chiffon doux ou du papier journal sec. Si, malgré tous vos efforts, il reste des traces, ajoutez quelques gouttes de liquide vaisselle au vinaigre pour les enlever.

CONSEIL : Pensez à mettre des gants si vous ne voulez pas finir avec les mains pleines d'encre.

Voir aussi : Nettoyer les vitres et les miroirs (citron), p. 83.

• Nettoyer un lave-vaisselle

- 5 OU 6 GLAÇONS DE VINAIGRE

On pourrait penser que l'intérieur d'un lave-vaisselle est aussi propre que les objets qui en ressortent. Or, pensez à tous les débris d'aliments qui s'accumulent, dans un endroit sombre et humide qui reste souvent fermé.... Placez 5 ou 6 glaçons de vinaigre au bas de votre lave-vaisselle et faites-le tourner à vide à la plus haute température possible.

Voir aussi : Améliorer les performances d'un lave-vaisselle (citron), p. 79.

• Nettoyer un lustre en cristal

- 125 ML DE VINAIGRE
- 125 ML D'EAU
- 2 CHIFFONS

Pas évident de trouver la motivation pour nettoyer un lustre en cristal, mais il faut le faire tous les 2 ou 3 ans. C'est une tâche longue, fastidieuse mais gratifiante quand on le voit retrouver son éclat d'antan. Avant de commencer, éteignez les lumières et laissez les ampoules refroidir. Pendant ce temps, mélangez le vinaigre et l'eau dans un petit vaporisateur. Avec un premier chiffon, dépoussiérez au maximum puis mouillez l'autre chiffon (il ne doit pas pelucher) avec cette lotion. Frottez ensuite chaque pièce de cristal (si vous vaporisez directement le produit sur le lustre, vous risquez d'abîmer les parties en métal). Laissez sécher à l'air.

Voir aussi : Nettoyer le cristal (vinaigre), p. 117.

• Nettoyer un rideau de douche

- 250 ML DE VINAIGRE
- DE LA LESSIVE

La mousse et les résidus de savon ou de produits donnent souvent aux rideaux de douche en plastique un aspect sale et négligé. Sans parler des moisissures qui peuvent s'y développer. Pour y remédier, mettez votre rideau de douche dans la machine à laver avec quelques grandes serviettes de toilette. Ajoutez le vinaigre et la lessive puis réglez l'appareil sur le programme « Délicat ». Dès la fin de l'essorage, suspendez le rideau à sa place habituelle.

CONSEIL : Afin que, une fois lavé, le rideau ne s'encrasse plus, trempez un chiffon dans une tasse (250 ml) de vinaigre et passez celui-ci sur le rideau le plus souvent possible. Laissez sécher à l'air.

Voir aussi : Nettoyer un rideau de douche (citron), p. 84.

• Nettoyer une bouilloire

- 125 ML DE VINAIGRE
- 500 ML D'EAU

Au fil du temps, les bouilloires se tapissent de tartre. En plus de se glisser subrepticement au fond de votre tasse, le tartre finit par augmenter le temps d'ébullition et rendre la bouilloire moins efficace. Mais il suffit d'un peu d'eau vinaigrée pour s'en débarrasser... Faites bouillir le vinaigre et l'eau dans la bouilloire pendant 10 à 15 minutes. Laissez refroidir, videz la bouilloire puis remplissez-la d'eau, et faites de nouveau bouillir pendant 10 minutes afin d'ôter tout résidu de vinaigre. À faire tous les 2 ou 3 mois pour conserver votre bouilloire en bon état.

• Nettoyer une machine à café

- 500 ML DE VINAIGRE
- 1 L D'EAU

Pour que votre machine à café fasse à chaque fois du bon café, il faut la nettoyer environ 1 fois par mois pour la débarrasser du calcaire et des restes de café qui, au fil des utilisations, s'accumulent... Versez le vinaigre et l'eau dans le réservoir d'eau et allumez la cafetière (adaptez les quantités en fonction de la taille de votre appareil en gardant le ratio de 1 dose de vinaigre pour 2 doses d'eau). Quand toute l'eau est passée, éteignez la cafetière et laissez-la refroidir de 15 à 20 minutes. Puis videz l'eau vinaigrée et remplissez le réservoir d'eau. Faites marcher la cafetière une nouvelle fois à vide.

Voir aussi : Nettoyer le récipient d'une machine à café (sel), p. 45.

• Nettoyer une pomme de douche

- 250 ML DE VINAIGRE
- 1 CHIFFON

Avec le temps, le calcaire bouche les trous des pommes de douche — ce qui diminue le débit de l'eau. Pour y remédier, rien de tel qu'un petit bain de vinaigre pendant 12 heures. Trempez le chiffon dans le vinaigre et entourez-en la pomme de douche. Laissez agir une nuit.

Voir aussi : Nettoyer la robinetterie (vinaigre), p. 116 ; Nettoyer l'inox (bicarbonate de soude), p. 155.

• Prolonger la vie des fleurs coupées

- 2 CUILLÈRES À SOUPE DE VINAIGRE
- 3 CUILLÈRES À SOUPE DE SUCRE
- 1 L D'EAU TIÈDE

LE VINAIGRE : QUE FAIT-IL D'AUTRE ?

Désinfecter des ustensiles en bois Pour désinfecter, par exemple, une planche à découper ou un billot de boucher en bois, vaporisez du vinaigre (non dilué) dessus après chaque usage et essuyez avec un chiffon. L'acide acétique du vinaigre est un désinfectant naturel très efficace.

Voir aussi : Nettoyer une planche à découper en bois (sel), p. 47 ; Ôter des taches de fruits rouges ou de betterave (citron), p. 86 ; Le citron : que fait-il d'autre ?, p. 89.

Faites durer vos fleurs coupées le plus longtemps possible en leur faisant boire cet élixir de jouvence... Dans un récipient, ajoutez le vinaigre, le sucre et l'eau. Mélangez bien jusqu'à ce que le sucre soit complètement dissous et versez ce liquide dans votre vase. Grâce au sucre qui va nourrir les fleurs et au vinaigre qui va empêcher les bactéries de proliférer dans l'eau, votre bouquet va conserver sa fraîcheur.

• Ramollir des résidus de colle

- 1 CUILLÈRE À SOUPE DE VINAIGRE
- 1 PIPETTE

Lorsqu'on répare des meubles en bois, parfois anciens, il faut enlever l'ancienne colle pour que la nouvelle adhère mieux. Pour la ramollir et la rendre plus facile à retirer, appliquez le vinaigre sur les zones concernées. Vous pouvez utiliser des pipettes : par exemple, celles des sirops pour enfants dont vous ne vous servez plus.

Avec les enfants

• Désinfecter des jouets de bébé

- 60 ML DE VINAIGRE
- 1 CHIFFON DOUX

Pour garder les jouets de bébé le plus propre possible, pas la peine d'employer les produits nettoyants classiques si vous avez une bouteille de vinaigre sous la main. Imprégnez juste le chiffon de vinaigre et frottez-en les jouets (pas les peluches). Laissez sécher à l'air (l'odeur va s'estomper progressivement).

Voir aussi : Nettoyer les peluches (bicarbonate de soude), p. 160.

• Éliminer les odeurs d'urine

- 500 ML DE VINAIGRE
- 250 ML D'EAU
- 220 G DE BICARBONATE DE SOUDE
- 1 ÉPONGE
- 1 SERVIETTE DE TOILETTE

Les pipis au lit peuvent finir par endommager les matelas et laisser de désagréables odeurs. Pour y remédier, mélangez dans un récipient le vinaigre et l'eau puis appliquez cette solution avec une éponge sur les zones concernées. Séchez en tamponnant avec la serviette et saupoudrez de bicarbonate. Quand le matelas sera sec au toucher, aspirez le bicarbonate.

• Faire une expérience avec un œuf

- 500 ML DE VINAIGRE
- 1 ŒUF CRU
- 1 ÉCUMOIRE

Mettez l'œuf dans un bol et recouvrez-le de vinaigre. Laissez au réfrigérateur durant 24 heures puis, à l'aide d'une écumoire, retirez l'œuf. Rincez-le soigneusement à l'eau et répétez l'opération s'il reste de la coquille. Replongez-le complètement dans une nouvelle dose de vinaigre et remettez-le au réfrigérateur durant 24 heures. Vous pourrez ainsi voir l'intérieur de l'œuf à travers sa membrane molle et translucide.

• Faire une expérience avec un os de poulet

- 250 ML DE VINAIGRE
- 1 OS DE POULET

Si vous cuisinez du poulet, gardez, par exemple, l'os de la cuisse et dites à vos enfants de le mettre à tremper dans le vinaigre pendant 3 à 4 jours. Quand ils sortiront l'os du vinaigre, ils seront surpris de constater qu'il est devenu tout mou. C'est normal, car le vinaigre dissout le calcium des os — ce qui les rend souples.

Pour les animaux domestiques

• Empêcher un chat de faire des dégâts

- 125 ML DE VINAIGRE
- 125 ML D'EAU

Si votre chat a tendance à se bagarrer avec ses congénères ou à lacérer fauteuils ou rideaux, « recadrez-le » grâce au vinaigre, car les chats en détestent l'odeur ! Remplissez un vaporisateur avec le vinaigre et l'eau puis vaporisez cette solution dans sa direction : cela devrait le calmer. Quant à vos meubles, mettez un peu de ce produit sur les endroits qu'apprécie votre chat (testez-le d'abord sur une petite zone afin de vous assurer qu'il ne la décolore pas).

Voir aussi : Empêcher un chat de ruiner les plantes d'intérieur (citron), p. 91.

• Nettoyer les oreilles d'un chien

- 1 CUILLÈRE À SOUPE DE VINAIGRE
- 1 CUILLÈRE À SOUPE D'EAU OXYGÉNÉE
- 1 CUILLÈRE À SOUPE D'EAU
- 1 MORCEAU DE COTON

LE VINAIGRE : QUE FAIT-IL D'AUTRE ?

Se débarrasser des mauvaises odeurs Attirés par leur propre odeur, nos compagnons à quatre pattes ont la fâcheuse tendance à revenir toujours souiller le même endroit (moquette, canapé, carrelage de salle de bains...). Pour arrêter ce cycle, il est important de neutraliser cette odeur et c'est là qu'intervient le vinaigre. Nettoyez la zone concernée à l'eau et au savon, puis vaporisez avec du vinaigre et laissez sécher à l'air.

Les longues oreilles de certains chiens sont particulièrement sensibles aux infections en raison de leur humidité qui favorise le développement des mycoses et des bactéries. Cette lotion douce à base de vinaigre devrait remédier à ce problème... Mélangez le vinaigre, l'eau oxygénée et l'eau dans un bol en plastique. Trempez-y le coton puis nettoyez délicatement les parties visibles de l'oreille interne (n'utilisez pas de cotons-tiges).

En plein air et dans le jardin

• Éloigner les animaux importuns

• 1 L DE VINAIGRE

La plupart des animaux détestent le vinaigre. Bonne raison pour exploiter cette aversion afin de les maintenir à distance. Écartez les fouineurs, grands ou petits, en aspergeant de vinaigre vos sacs — poubelle. Pour éloigner les insectes, placez plusieurs petits bols remplis de vinaigre dans votre jardin, sur votre balcon, le rebord de vos fenêtres ou encore autour de votre lieu de pique-nique.

Voir aussi : Empêcher un chat de ruiner les plantes d'intérieur (citron), p. 91 ; Empêcher un chat de faire des dégâts (vinaigre), p. 126 ; Le vinaigre : que fait-il d'autre ?, p. 131.

• Nettoyer des balais d'essuie-glaces

• 60 ML DE VINAIGRE
• 1 CHIFFON DOUX

Si vos balais d'essuie-glaces ne balayent pas la pluie ou accrochent, c'est peut-être tout simplement parce qu'ils sont sales.

Voici une recette pour les nettoyer... Trempez le chiffon dans le vinaigre. Passez-le sur les balais, du haut vers le bas, puis actionnez les essuie-glaces en mettant un peu de produit nettoyant « spécial pare-brise » pour faire partir tout le vinaigre.

• Nettoyer des taches d'œuf

- 60 ML DE VINAIGRE
- 4 L D'EAU CHAUDE
- 1 CHIFFON

Les œufs laissent un résidu protéiné qui peut sérieusement abîmer la peinture de la carrosserie de votre voiture. Pour y remédier, agissez le plus vite possible... Mélangez le vinaigre à l'eau chaude puis transvasez ce produit dans un vaporisateur. Pulvérisez-le sur les zones concernées après avoir ôté le plus possible de morceaux de coquilles (pour ne pas risquer de rayer la peinture). Laissez agir 5 à 10 minutes puis, avec un chiffon humide, essuyez la carrosserie. Recommencez l'opération si nécessaire.

Voir aussi : Nettoyer de l'œuf cassé (sel), p. 46.

• Protéger les graines des moisissures

- 1 CUILLÈRE À CAFÉ DE VINAIGRE
- 45 ML D'EAU

Si les graines ont besoin d'humidité pour germer, elles ne sont pas les seules : les moisissures qui les attaquent aussi. Si vous en voyez qui commencent à se développer, réagissez tout de suite en remplissant un petit vaporisateur de vinaigre et d'eau. Vaporisez-en légèrement les graines pour les nettoyer et placez-les

LE VINAIGRE : QUE FAIT-IL D'AUTRE ?

Détruire les mauvaises herbes Pour vous débarrasser des mauvaises herbes, y compris celles qui poussent dans les interstices des allées ou des trottoirs, versez 45 ml de vinaigre à la base de chaque plante. Cela rendra la terre plus acide et donc moins accueillante. Vous pouvez aussi verser le vinaigre non dilué directement sur les plantes.

Voir aussi : Le bicarbonate de soude : que fait-il d'autre ?, p. 167.

dans un nouveau récipient. Recommencez l'opération régulièrement avec le même produit, jusqu'à ce qu'elles aient germé.

• Retirer des autocollants

- 125 ML DE VINAIGRE
- 1 GROSSE ÉPONGE

Sur les vitres ou sur la carrosserie d'une voiture, les autocollants peuvent être très difficiles à enlever — sauf si l'on a du vinaigre… Plongez l'éponge dans le vinaigre et frottez-la sur l'autocollant pour bien l'imbiber. Attendez 30 minutes, le temps que les coins de l'autocollant commencent à se soulever. Décollez-le doucement en rajoutant du vinaigre si nécessaire pour dissoudre la colle. Une fois l'opération terminée, rincez abondamment à l'eau.

LE VINAIGRE : QUE FAIT-IL D'AUTRE ?

Faire briller sa voiture Avec un chiffon doux trempé dans du vinaigre, redonnez de l'éclat aux parties métalliques de votre voiture (n'utilisez pas de produits nettoyants abrasifs qui risqueraient d'y faire des rayures ou de les rendre ternes).

Se protéger des piqûres d'insectes Les peaux légèrement acides rebutent les insectes. Pour vous protéger, utilisez donc du vinaigre. Versez 1 cuillère à soupe de vinaigre blanc ou de cidre dans une feuille de papier absorbant et mettez-en sur les parties du corps exposées. Le vinaigre a aussi une action tonique et rafraîchissante sur la peau. Quant à son odeur, ne vous inquiétez pas : elle s'estompera peu à peu.

Voir aussi : Éloigner les moustiques (citron), p. 93 ; et Calmer les piqûres de moustiques (bicarbonate de soude), page 145.

le bicarbonate de soude

Le bicarbonate de soude ($NaHCO_3$), qui se présente comme une poudre blanche, est un sel basique de sodium. Il existe à l'état naturel dans des minerais, tel le natron, ou dans une plante de terrains salés dont on tirait autrefois la soude. De nos jours, les trois quarts de la production annuelle sont le plus souvent produits par transformation de l'eau salée ou du calcaire. Notre organisme est aussi une merveilleuse fabrique de bicarbonate de soude : celui-ci protège nos dents en neutralisant les acides contenus dans la salive et nous prémunit contre les ulcères en compensant les effets des acides gastriques.

Lorsque le bicarbonate de soude entre en contact avec un acide, il pétille (en produisant du gaz carbonique) et devient alcalin (il a un pH de 8,1 alors qu'un pH neutre se situe autour de 7).

Brève histoire du bicarbonate de soude

Le bicarbonate de soude utilisé dans ce livre est apparu assez récemment dans les cuisines. Sa genèse commence il y a quelques centaines d'années et plus précisément dans les boulangeries...

Jusqu'en 1760, on employait presque exclusivement de la levure pour faire lever les pâtes ou alors on les pétrissait soigneusement afin d'emprisonner des bulles d'air à l'intérieur avant de les mettre au four. Jusqu'au jour où les colons américains ont découvert la potasse (ou carbonate de potassium) qui a des propriétés analogues à celles du levain. Dès lors, ce fut à qui en tirerait le meilleur parti. Néanmoins, l'un des problèmes du carbonate de potassium, c'est qu'il ne donnait pas toujours les mêmes résultats : parfois, le pétillement qui aidait à faire lever les pâtes cessait avant que le boulanger n'ait eu le temps d'enfourner ses pains ; d'autres fois, il donnait un goût désagréable au produit fini.

Le carbonate de potassium se forme quand on fait bouillir des cendres de bois jusqu'à ce que l'eau s'évapore complètement. Il sert notamment à fabriquer des savons et du verre.

En 1791, Nicolas Leblanc inventa un procédé efficace pour transformer le sel marin en cendre de soude (un carbonate de sodium) qui remplaça alors la potasse pour la fabrication du pain et des gâteaux.

Enfin, vers 1839, Austin Church mit au point une technique permettant de produire du bicarbonate de soude – moins cher et plus fiable – à partir du carbonate de sodium.

Les propriétés du bicarbonate de soude

Pour comprendre comment fonctionne le bicarbonate de soude, commençons par un bref inventaire des réactions chimiques qui sont à l'œuvre... De nombreuses taches sont par nature acides. Or, le contraire de l'acide est l'alcalin — ce qu'est justement le bicarbonate de soude. Quand on l'ajoute à une substance acide, comme le citron ou le vinaigre, il réagit et neutralise l'acide. Il se met alors à produire de petites quantités de gaz carbonique qui apparaissent sous forme de pétillements.

En cuisine, il faut associer le bicarbonate de soude à d'autres ingrédients acides (comme le jus de citron, le vinaigre, le babeurre, le yaourt) pour activer ses propriétés de levain. Ce sont surtout les petites bulles de gaz qui font fermenter la matière organique des pâtes (ensuite, la chaleur du four les fige en l'état). Il suffit également d'en saupoudrer les légumes pour permettre à ceux-ci de conserver leur couleur pendant la cuisson (toutefois, on sait désormais que cela détruit les vitamines).

Pour le ménage, le bicarbonate de soude est très polyvalent grâce à ses qualités abrasives (ses grains sont tellement fins qu'ils récurent sans abîmer) et à son pouvoir détachant. Grâce à sa capacité à neutraliser les acides, il a une multitude d'utilisations dans la maison : par exemple, éliminer les mauvaises odeurs dans un réfrigérateur (en neutralisant à la fois les acides et les bases, il détruit vraiment les odeurs au lieu de les masquer). En outre, lorsqu'on le dissout dans de l'eau, le bicarbonate de soude améliore l'action des produits de nettoyage courants car il maintient un pH neutre — ce qui est idéal pour bien laver.

COMMENT TESTER L'EFFICACITÉ DU BICARBONATE DE SOUDE ?

Mélangez 1 pincée de bicarbonate de soude avec 2 cuillères à café de vinaigre. S'il ne mousse pas instantanément, c'est qu'il est périmé.

Dans la cuisine

• Conserver les fruits et les légumes

- 55 G DE BICARBONATE DE SOUDE
- DU PAPIER ABSORBANT

Quand il y a trop d'humidité, les fruits et les légumes finissent par s'abîmer, surtout s'ils sont stockés dans le bac à légumes du réfrigérateur. Pour les conserver, disposez les feuilles de papier absorbant côte à côte au fond du bac et versez le bicarbonate à la jointure de celles-ci. Placez ensuite les fruits et les légumes dessus. À refaire chaque fois que vous remplissez le bac.

Voir aussi : Laver les fruits et les légumes (citron), p. 64.

• Laver les fruits et les légumes

- 55 G DE BICARBONATE DE SOUDE
- 4 L D'EAU

Quand vous revenez du marché le panier plein de produits frais à laver avant de les ranger, simplifiez-vous la tâche avec du bicarbonate de soude. Mélangez-le avec l'eau dans l'évier. Plongez-y les légumes ou les fruits, frottez ceux-ci doucement et laissez-les tremper quelques minutes. N'oubliez pas de bien les rincer ensuite pour ôter le goût amer du bicarbonate.

Voir aussi : Laver les fruits et les légumes (citron), p. 64.

• Prévenir le feu dans un four

• 220 G DE BICARBONATE DE SOUDE

Pensez à avoir toujours une boîte de bicarbonate à portée de main dans la cuisine. Si votre plat prend feu pendant sa cuisson au four, saupoudrez-le rapidement d'une fine couche de bicarbonate et posez un couvercle dessus.

ATTENTION : Ne versez jamais d'eau sur de la graisse qui brûle.

Voir aussi : Éteindre une poêle en feu (sel), p. 25.

BICARBONATE DE SOUDE ET LEVURE : LES SECRETS DE LA CHIMIE

En quoi sont-ils différents ? C'est une question qui taraude bon nombre de cuisinières... L'important, c'est de se rappeler qu'ils n'agissent pas du tout de la même façon dans un plat — d'où l'importance de ne pas remplacer l'un par l'autre. Ce sont tous les deux des activateurs de fermentation qui permettent de faire lever les pâtes avant de les mettre au four. Mais si le bicarbonate de soude est 4 fois plus fort que la levure chimique, il a besoin d'être mis en présence d'un acide pour réagir — ce qui n'est pas le cas de la levure chimique qui contient déjà un acide et fait donc lever les pâtes à elle seule.

LE BICARBONATE DE SOUDE : QUE FAIT-IL D'AUTRE ?

Empêcher les friandises maison de cristalliser Quand vous ferez du pop-corn au caramel ou des bonbons qui nécessitent l'ajout d'un sirop sucré, pensez à ajouter 1 pincée de bicarbonate de soude à la fin de l'ébullition afin qu'ils ne s'agglomèrent pas les uns aux autres en refroidissant.

Lutter contre les ballonnements Quand vous cuisinez des haricots secs, pensez à ajouter 1 petite pincée de bicarbonate de soude pour limiter ses effets secondaires !

Faire rougir le chocolat Si l'on mélange du bicarbonate de soude à du chocolat en poudre, celui-ci devient rouge en cuisant. Voilà une bonne astuce pour personnaliser vos pâtisseries !

Pour le linge de maison et les vêtements

• Améliorer une lessive ordinaire

• 110 G DE BICARBONATE DE SOUDE

Vous rêvez d'avoir des blancs plus blancs et des couleurs plus lumineuses ? Si vous achetez un produit qui n'est pas à la hauteur de vos attentes, le bicarbonate de soude peut tout changer. Ajoutez-le au cycle de lavage et vous verrez que vos vêtements en sortiront plus éclatants. Si votre linge n'est pas très sale, n'hésitez pas à réduire la quantité de votre lessive si vous la « dopez » avec du bicarbonate car, en maintenant un pH neutre dans l'eau, il va en améliorer l'action.

CONSEIL : Le bicarbonate est plus efficace avec la lessive liquide qu'avec la lessive en poudre.

Voir aussi : Réaliser un adoucissant naturel (citron), p. 71 ; et Le vinaigre : que fait-il d'autre ?, p. 105.

• Désodoriser les chaussures et leur meuble

• 220 À 440 G DE BICARBONATE DE SOUDE

Qu'il s'agisse d'éviter les désagréments liés au fait de retirer ses chaussures ou de chasser les mauvaises odeurs d'un meuble à chaussures, le bicarbonate est un précieux allié... Prenez deux chaussettes en coton et versez-y le bicarbonate. Secouez pour répartir le produit et nouez chaque chaussette. À la fin de la journée, glissez-en une dans chaque chaussure pour que le bicarbonate absorbe l'humidité et détruise les mauvaises odeurs. Vous pouvez aussi en saupoudrez directement l'intérieur de vos chaussures. Pour ce qui est du meuble, placez la boîte de bicarbonate dedans. À répéter autant de fois que nécessaire.

Voir aussi : Éliminer les odeurs de pieds (vinaigre), p. 107 ; et Éliminer les odeurs de pieds (bicarbonate de soude), p. 146.

• Nettoyer le linge de bébé

• 110 G DE BICARBONATE DE SOUDE
• DE LA LESSIVE LIQUIDE
• 60 ML DE VINAIGRE

Le bicarbonate est d'une grande utilité pour laver le linge de bébé car il neutralise les taches et les odeurs acides dues notamment aux reflux gastriques. En outre, il est inodore, incolore et non irritant. Voici la marche à suivre : mettez le bicarbonate avec la lessive juste avant le cycle de lavage puis ajoutez le vinaigre durant le rinçage pour adoucir les fibres des vêtements et faire disparaître les résidus de lessive.

Voir aussi : Ôter des taches de lait infantile (citron), p. 68 ; et Le vinaigre : que fait-il d'autre ?, p. 105.

• Neutraliser les odeurs du linge sale

• 440 G DE BICARBONATE DE SOUDE

Pour neutraliser les mauvaises odeurs de votre linge sale, remplissez de bicarbonate un récipient en plastique et placez celui-ci près du panier à linge. N'hésitez pas à en rajouter lorsque vous y déposerez un nouveau vêtement (le bicarbonate permet également d'améliorer l'action de votre lessive).

Voir aussi : Éliminer l'odeur de moisi (vinaigre), p. 101.

• Prétraiter les taches

• 1 CUILLÈRE À SOUPE DE BICARBONATE DE SOUDE
• 1 CUILLÈRE À CAFÉ DE VINAIGRE
• 1 BROSSE À DENTS USAGÉE

Pas évident d'enlever des taches d'herbe ou de stylo sur les vêtements d'enfants. Heureusement, l'association du bicarbonate et du vinaigre fait des merveilles... Faites une pâte avec ces ingrédients. Lorsqu'elle commence à pétiller, plongez une vieille brosse à dents dedans et frottez-en délicatement la tache. Laissez le produit agir quelques minutes puis lavez comme d'habitude (s'il reste des traces, vous pouvez remettre le linge à la machine, à la plus haute température possible en fonction des instructions de nettoyage ; et, à la place de la lessive, versez 200 g de bicarbonate dans le compartiment ; répétez l'opération si besoin).

Voir aussi : Prétraiter des taches d'herbe (citron), p. 70.

LE BICARBONATE DE SOUDE : QUE FAIT-IL D'AUTRE ?

Désodoriser des étagères et des housses Les étagères et les housses en plastique ne sont pas propices à la circulation de l'air — d'où l'apparition à long terme de mauvaises odeurs. Pour leur donner un coup de frais, posez au sol une boîte de bicarbonate de soude ouverte. Changez-la tous les 2 mois environ. Si vous rangez des vêtements dans une housse, versez 55 g de bicarbonate de soude dans une chaussette en coton, nouez-la puis placez-la dans la housse.

Voir aussi : Parfumer les armoires et les penderies (citron), p. 69 ; Réaliser un désodorisant maison (citron), p. 87.

Nettoyer les graffitis Les enfants aiment parfois décorer les murs de leur chambre avec des dessins de leur cru... Le jour où il faut les enlever, le bicarbonate de soude est là ! Pour nettoyer les graffitis, frottez le mur avec une pâte à base de bicarbonate de soude et d'eau.

Pour la santé et la beauté

• Blanchir les dents

- 1 GROSSE PINCÉE DE BICARBONATE DE SOUDE
- UN PEU D'EAU

Le bicarbonate polit et blanchit merveilleusement les dents. Pour ce faire, mélangez-le à l'eau dans votre main et faites une pâte. Imprégnez-en votre brosse à dents et brossez-vous les dents, puis rincez-vous la bouche abondamment.

CONSEIL : le bicarbonate de soude contient du sodium : il est donc à éviter en cas de gingivite ou de régime sans sel.

• Calmer les piqûres de moustiques

- 1 CUILLÈRE À SOUPE DE BICARBONATE DE SOUDE
- UN PEU D'EAU

Pour calmer les démangeaisons dues aux piqûres de moustiques, prenez votre boîte de bicarbonate ! Mélangez-en avec de l'eau pour en faire une pâte épaisse. Étalez celle-ci sur les boutons et laissez sécher (ne rincez qu'en cas de besoin). Répétez l'opération autant de fois que nécessaire (c'est sans danger).

Voir aussi : Éloigner les moustiques (citron), p. 93 ; et Le vinaigre : que fait-il d'autre ?, p. 131.

• Éliminer les odeurs de pieds

- 110 G DE BICARBONATE DE SOUDE
- 1 BASSINE D'EAU CHAUDE
- 4 GOUTTES D'HUILE ESSENTIELLE DE LAVANDE (FACULTATIF)
- 1 SERVIETTE DE TOILETTE

1 fois par semaine, offrez à vos pieds un véritable bain de fraîcheur grâce au bicarbonate... Remplissez la bassine d'eau chaude. Ajoutez le bicarbonate et, si vous le souhaitez, l'huile essentielle de lavande. Faites tremper vos pieds 15 minutes et séchez-les en les tamponnant avec la serviette. Le bicarbonate va doucement rééquilibrer le pH de votre peau et tuer les bactéries responsables des mauvaises odeurs.

Voir aussi : Éliminer les odeurs de pieds (vinaigre), p. 107 ; et Désodoriser les chaussures et leur meuble (bicarbonate de soude), p. 142.

• Fabriquer du déodorant

- 110 G DE BICARBONATE DE SOUDE
- 65 G DE MAÏZENA
- 1 BRIN DE LAVANDE SÈCHE

La plupart des déodorants du commerce contiennent des produits chimiques, tel l'aluminium, qui contrôlent la transpiration en bouchant les pores de la peau pour empêcher la sueur de passer. Si vous avez la fibre écologique, vous pouvez vous-même confectionner une poudre désodorisante naturelle... Mélangez le bicarbonate et la Maïzena et conservez ce mélange dans un shaker.

Saupoudrez-en un peu sur un gant humide et tamponnez-le sur vos aisselles (ne rincez pas).

CONSEIL : Pour parfumer agréablement cette poudre, ajoutez-y de la lavande sèche finement hachée.

• Lutter contre les pellicules et les cheveux gras

- 1 POIGNÉE DE BICARBONATE DE SOUDE

Si vous avez des pellicules ainsi que le cuir chevelu gras, essayez cette recette naturelle (sans produit lavant) pour vous nettoyer la tête... Mouillez-vous bien les cheveux et frottez-les avec 1 poignée de bicarbonate de soude comme vous le feriez avec du shampooing. Rincez soigneusement. Même si vous avez l'impression d'avoir les cheveux secs les premiers temps, ils finiront par prendre un joli lustre.

Voir aussi : Le sel : que fait-il d'autre ?, p. 35 ; Lutter contre les pellicules et les cheveux gras (citron), p. 76.

• Réaliser un bain de pieds ou de mains

- 55 G DE BICARBONATE DE SOUDE
- 2 L D'EAU CHAUDE

Si vous avez les cuticules desséchées ou les mains et les pieds calleux, offrez-leur ce soin royal : un bain chaud à base de bicarbonate de soude où vous les laisserez tremper pendant 10 minutes. Ensuite, frottez les cals avec une pierre ponce et repoussez les cuticules. N'oubliez pas de bien les hydrater après.

LE BICARBONATE DE SOUDE : QUE FAIT-IL D'AUTRE ?

Nettoyer une brosse à dents Même lorsque l'on rince bien sa brosse à dents, il reste toujours des dépôts d'aliments et de dentifrice. Pour la conserver propre et saine, mettez un peu de bicarbonate de soude au fond d'un verre, remplissez-le d'eau et faites-y tremper votre brosse à dents pendant environ 1 heure chaque semaine. Rincez-la ensuite.

Voir aussi : Réaliser un bain de pieds (sel), p. 33 ; Faire briller ses ongles (citron), p. 75 ; Soulager ses muscles (vinaigre), p. 110.

• Réaliser un gommage pour le visage

- 1 CUILLÈRE À CAFÉ DE BICARBONATE DE SOUDE
- DE LA LOTION DÉMAQUILLANTE

Pour avoir une peau belle, douce et lumineuse, il faut penser à la débarrasser des cellules mortes qui l'encombrent. Alors, donnez un petit effet gommant à votre produit démaquillant habituel 1 fois par semaine. Au creux de votre main, mélangez 1 dose de lotion avec le bicarbonate. Nettoyez votre visage en appuyant légèrement et en faisant des petits cercles avec les doigts (le bicarbonate est très légèrement abrasif). Rincez soigneusement et tamponnez doucement avec une serviette de toilette (ne faites pas ce soin sur une peau abîmée ou irritée).

Voir aussi : Réaliser un gommage hydratant pour le visage et pour le corps (sel), p. 34.

• Soigner les aphtes

- 1 GROSSE PINCÉE DE BICARBONATE DE SOUDE
- UN PEU D'EAU CHAUDE

Les aphtes peuvent être très douloureux ; aussi convient-il de vite les traiter. Confectionnez ce bain de bouche à base de bicarbonate… Mélangez-le à l'eau dans un verre pour bien le faire fondre, puis buvez une gorgée et rincez votre bouche avec ce produit (sans l'avaler). À refaire 3 ou 4 fois par jour jusqu'à ce que les aphtes aient disparu.

• Soigner les irritations des fesses de bébé

- 42 G DE BICARBONATE DE SOUDE
- UN PEU D'EAU TIÈDE

La peau des bébés est très sensible et craint l'acide urique contenu dans l'urine — d'où l'apparition de petits boutons rouges (ou érythème fessier). Pour y remédier, lavez votre bébé à chaque fois que vous lui changez sa couche. Préparez un bain tiède avec

LE BICARBONATE DE SOUDE : QUE FAIT-IL D'AUTRE ?

Dégager un nez encombré Si votre nez est encombré, essayez ce remède… Mélangez 1 pincée de bicarbonate de soude dans 1 cuillère à soupe d'eau. Trempez 1 morceau de coton dans cette lotion et pressez-en quelques gouttes dans chaque narine.

LE BICARBONATE DE SOUDE : QUE FAIT-IL D'AUTRE ?

Fortifier ses cheveux Pour éviter que vos cheveux ne perdent leur tonus et leur éclat, surtout au fil de l'utilisation répétée de produits cosmétiques, versez un peu de bicarbonate de soude dans votre main et mélangez-le à votre shampooing habituel. Lavez-vous la tête et rincez abondamment. Vos cheveux n'en seront également que plus faciles à coiffer.

Voir aussi : Réaliser un soin pour les cheveux (sel), p. 35 ; Réaliser une eau de rinçage (citron), p. 77 ; Protéger ses cheveux du chlore (citron), p. 76 ; Réaliser une eau de rinçage aux fleurs (vinaigre), p. 109 ;

le bicarbonate mais ne laissez pas trop longtemps bébé dedans. Ensuite, faites sécher son petit derrière à l'air avant de lui remettre une couche (et pensez à lui mettre une crème adaptée pour le protéger). À répéter aussi souvent que nécessaire jusqu'à ce que les boutons aient disparu.

Voir aussi : Nettoyer un peigne ou une brosse à cheveux (vinaigre), p. 108.

Pour le ménage et l'entretien

• Déboucher une canalisation

• 1 BOÎTE DE BICARBONATE DE SOUDE

Ne jetez pas le bicarbonate qui vous a servi à nettoyer ou à désodoriser votre intérieur. Versez-le plutôt dans un lavabo ou un évier puis faites couler de l'eau chaude dessus pendant quelques minutes. C'est un très bon moyen pour éliminer la graisse et les dépôts divers qui peuvent s'accumuler dans la tuyauterie et limiter ainsi au maximum les engorgements alors que les odeurs désagréables.

Voir aussi : Déboucher une canalisation (sel), p. 38 ; Déboucher une canalisation (vinaigre), p. 112.

• Désodoriser un réfrigérateur ou un congélateur

• 1 BOÎTE DE BICARBONATE DE SOUDE

Le bicarbonate est beaucoup utilisé pour détruire les mauvaises odeurs car il a d'étonnantes propriétés désodorisantes... Posez la boîte de bicarbonate ouverte au fond de votre réfrigérateur ou

LE BICARBONATE DE SOUDE : QUE FAIT-IL D'AUTRE ?

Désodoriser les tissus d'ameublement et les tapis Si vous trouvez que votre maison sent le « chien mouillé », la cigarette ou la cuisine, redonnez de la fraîcheur à vos canapés, fauteuils, galettes de chaises... ainsi qu'à vos tapis en les saupoudrant de bicarbonate de soude. Laissez agir 30 minutes pour neutraliser les odeurs puis passez l'aspirateur.

de votre congélateur. Pour de meilleurs résultats, changez-la 1 à 2 fois par mois.

CONSEIL : Ne jetez pas ensuite le bicarbonate de soude car il peut vous servir à déboucher des canalisations (voir page 151).

Voir aussi : Nettoyer un réfrigérateur ou un congélateur (sel), p. 47.

• Donner une seconde vie à une éponge

- 2 CUILLÈRES À SOUPE DE BICARBONATE DE SOUDE
- 2 CUILLÈRES À SOUPE DE VINAIGRE
- DE L'EAU

Une éponge usagée peut encore rendre beaucoup de services dans la maison grâce au bicarbonate et au vinaigre... Mélangez ces ingrédients avec de l'eau dans un récipient. Versez cette solution sur l'éponge et appuyez dessus pour bien répartir le produit. Laissez agir environ 1 heure puis essorez à fond. Répétez l'opération si nécessaire.

LE BICARBONATE DE SOUDE : QUE FAIT-IL D'AUTRE ?

Désodoriser une poubelle Pour vous débarrasser des mauvaises odeurs émanant de votre poubelle, versez du bicarbonate de soude dans votre sac — poubelle avant de l'installer.

• Entretenir une fosse septique

- 220 G DE BICARBONATE DE SOUDE

En versant du bicarbonate dans votre fosse septique 1 fois par semaine, vous serez sûr(e) que le pH de celle-ci restera neutre — ce qui signifie que les bactéries qui s'y trouvent ne pourront pas se développer. Le bicarbonate permet aussi de limiter, voire d'éliminer les odeurs d'œuf pourri qui se dégagent parfois des fosses septiques.

• Nettoyer l'argenterie

- 220 G DE BICARBONATE DE SOUDE
- 2 L D'EAU CHAUDE
- DU PAPIER ALUMINIUM
- 1 CHIFFON DOUX

S'il vous est déjà arrivé de passer des heures à briquer une ménagère en argent, vous allez être ravi(e) d'apprendre qu'il existe un moyen plus facile et plus écologique... Versez l'eau chaude dans un récipient en plastique, ajoutez le bicarbonate et mélangez pour le dissoudre. Mettez 1 morceau de papier aluminium d'environ 5 cm de large dans la bassine avec les couverts et laissez tremper

LE BICARBONATE DE SOUDE : QUE FAIT-IL D'AUTRE ?

Éliminer l'odeur de poussière des livres Les bouquinistes ne jurent que par le bicarbonate de soude pour nettoyer leurs trésors. Alors, comme eux, saupoudrez-en 1 ou 2 cuillères à café entre les pages de vos livres pour neutraliser les mauvaises odeurs. Au bout d'une semaine, ouvrez-les et secouez-les pour faire tomber les restes du produit.

30 minutes. Les particules qui les ternissent vont venir se coller à l'aluminium et rendre l'argenterie étincelante ! Retirez vos couverts du récipient, rincez-les à l'eau et séchez-les avec le chiffon.

• Nettoyer le matériel de cuisine

- 55 G DE BICARBONATE DE SOUDE
- 500 À 750 ML D'EAU

Pour laver vos ustensiles, pensez « bicarbonate de soude ». Saupoudrez-en au fond de votre casserole, par exemple, et ajoutez l'eau. Portez à ébullition et laissez frémir quelques minutes. Normalement, le bicarbonate devrait décoller le plus gros de la saleté. Laissez refroidir avant de gratter ce qui reste.

ATTENTION : N'utilisez pas ce produit avec des casseroles en aluminium : la réaction avec le bicarbonate de soude risquerait d'en abîmer le revêtement.

Voir aussi : Fabriquer une crème à récurer (vinaigre), p. 115.

• Nettoyer l'inox

- 1 CUILLÈRE À CAFÉ DE BICARBONATE DE SOUDE
- 1 ÉPONGE
- DU PAPIER ABSORBANT

L'inox est populaire car il est beau, supporte la chaleur et s'entretient facilement. Or, pour le nettoyer – notamment la robinetterie –, le bicarbonate est idéal car il ne raie pas le métal... Versez-le sur une éponge humide et pressez celle-ci plusieurs fois pour former une pâte épaisse. Frottez-en doucement l'inox. Prenez le temps de bien rincer et séchez avec le papier absorbant sec pour enlever les traces d'eau.

Voir aussi : Nettoyer la robinetterie (vinaigre), p. 116 ; et Nettoyer une pomme de douche (vinaigre), p. 122.

• Nettoyer les taches poisseuses

- 42 G DE BICARBONATE DE SOUDE
- 1 ÉPONGE

LE BICARBONATE DE SOUDE : QUE FAIT-IL D'AUTRE ?

Garder ses mains au sec Si vous portez des gants en caoutchouc quand vous faites la vaisselle ou le ménage, mettez un peu de bicarbonate de soude à l'intérieur : vous les enfilerez et les enlèverez ainsi plus facilement. Cela permettra, en outre, de garder vos mains bien au sec et apportera un effet « fraîcheur » à vos gants.

LE BICARBONATE DE SOUDE : QUE FAIT-IL D'AUTRE ?

Nettoyer le carrelage Si le carrelage de votre salle de bains commence à être envahi de taches noires et de moisissures, vous pouvez y remédier en confectionnant une pâte à base de bicarbonate de soude... Mélangez-en 3 cuillères à soupe avec de l'eau. Appliquez la pâte sur les surfaces concernées avec une vieille brosse à dents, puis frottez et rincez.

Voir aussi : Nettoyer les sols (vinaigre), p. 118.

Réorganiser ses placards de cuisine peut être très agréable jusqu'au moment où l'on tombe sur des taches poisseuses. Là encore, le bicarbonate fait merveille... Saupoudrez-en sur les zones concernées. Grâce à ses propriétés doucement abrasives, vous devriez pouvoir tout nettoyer juste avec une éponge humide. N'oubliez pas de bien rincer à l'eau.

• Nettoyer les toilettes

- 110 G DE BICARBONATE DE SOUDE
- 250 ML DE VINAIGRE
- 1 BROSSE

Pour nettoyer vos toilettes de façon écologique et les rendre éclatantes de blancheur, commencez par le vinaigre. Versez-le dans la cuvette et laissez-le agir pendant 1 heure. Son acidité va imprégner doucement les parois et rendre le nettoyage plus facile. Ensuite, trempez la brosse dans la cuvette et saupoudrez-la de bicarbonate. Frottez-en l'intérieur des toilettes, en rajoutant du bicarbonate si nécessaire.

Voir aussi : Réaliser un nettoyant multi-usages (citron), p. 88 ; et Réaliser un nettoyant multi-usages (bicarbonate de soude), p. 158.

• Nettoyer un évier en porcelaine

- 1 CUILLÈRE À SOUPE DE BICARBONATE DE SOUDE
- 1 CUILLÈRE À CAFÉ DE JUS DE CITRON
- 2 CUILLÈRES À SOUPE DE VINAIGRE (FACULTATIF)

Placez un petit tas de bicarbonate dans votre évier. Versez dessus le jus de citron et laissez pétiller. Mélangez pour en faire une pâte et frottez doucement celle-ci sur les parois de l'évier avec une éponge humide. Pour y associer une action anti-bactérienne, versez le vinaigre sur l'éponge et donnez un dernier coup dans l'évier.

Voir aussi : Réaliser un nettoyant multi-usages (citron), p. 88 ; Désinfecter le plan de travail et l'évier (vinaigre), p. 112 ; Réaliser un nettoyant multi-usages (bicarbonate de soude), p. 158.

• Ôter des taches de vin rouge

- 2 OU 3 POIGNÉES DE BICARBONATE DE SOUDE

Le vin rouge a une capacité phénoménale à tacher à cause des acides qu'il contient et de la couleur de ses composants. Surtout, n'essuyez pas les taches au risque de les faire pénétrer davantage dans les fibres de votre nappe, tapis ou moquette. Couvrez-les plutôt généreusement de bicarbonate qui absorbera le vin. Puis enlevez celui-ci avec une balayette. Mettez une nouvelle couche de bicarbonate et laissez agir toute la nuit. Le lendemain, il ne vous restera plus qu'à l'aspirer.

Voir aussi : Le sel : que fait-il d'autre ?, p. 30.

• Réaliser un nettoyant multi-usages

- 440 G DE BICARBONATE DE SOUDE
- 250 ML D'EAU CHAUDE
- 60 ML DE LIQUIDE VAISSELLE
- 1 ÉPONGE

Quelques gouttes de ce mélange et une éponge humide suffisent à nettoyer pratiquement toutes les surfaces non poreuses de la maison comme les plans de travail, les éviers, les baignoires et les toilettes... Dans l'eau d'une grande bassine, ajoutez le liquide vaisselle en le mélangeant doucement pour ne pas le faire trop mousser. Puis versez le bicarbonate et mélangez encore jusqu'à ce que la solution prenne une consistance lisse et uniforme. Transvasez-la dans un bocal et attendez 30 minutes avant de fermer celui-ci pour laisser le gaz s'évaporer. Rangez le bocal avec vos autres produits nettoyants.

CONSEIL : Cette solution risque de se « séparer » entre chaque utilisation. Dans ce cas, mettez le bocal à l'envers quelques minutes pour que les différentes couches se fondent à nouveau les unes dans les autres. N'hésitez pas non plus à les mélanger doucement avant usage.

Voir aussi : Réaliser un nettoyant multi-usages (citron), p. 88.

Avec les enfants

• Désodoriser les décorations de Noël

• 1 BOÎTE DE BICARBONATE DE SOUDE

À force d'être reléguées, quand elles ont cessé de servir, dans des endroits souvent humides ou clos, les décorations de Noël finissent par sentir le moisi. Pour remédier à cet inconvénient, pensez à mettre une boîte de bicarbonate dans le carton où elles sont rangées. Si, malgré tout, l'odeur persiste, enfermez-les quelques jours dans un sac en plastique avec un peu de ce même produit.

Voir aussi : Le bicarbonate de soude : que fait-il d'autre ?; p. 160.

• Faire flotter des objets

• 2 CUILLÈRES À CAFÉ DE BICARBONATE DE SOUDE
• DE L'EAU
• DU VINAIGRE
• DU COLORANT ALIMENTAIRE
• DES PETITS ALIMENTS (RIZ, RAISINS, PETITES PÂTES, MORCEAUX DE FRUITS)

LE BICARBONATE DE SOUDE : QUE FAIT-IL D'AUTRE ?

Décorer un sapin de Noël Au lieu d'acheter une bombe de neige artificielle, optez pour une solution plus écologique en saupoudrant votre sapin de bicarbonate de soude. Effet « fausse neige » garanti.

Cette expérience amusante montre comment le gaz carbonique aide les objets à flotter. Quand on mélange du bicarbonate de soude (une base) et du vinaigre (un acide), il se produit une réaction chimique qui fabrique du gaz carbonique... Remplissez presque entièrement un récipient transparent avec 3 parts d'eau pour 1 part de vinaigre. Ajoutez avec précaution 1 cuillère à café de bicarbonate. Au contact du vinaigre, il va pétiller et faire de la mousse : ne vous inquiétez pas si le récipient déborde. Quand le pétillement aura cessé, ajoutez encore (toujours avec précaution) 1 cuillère à café de bicarbonate puis, dès la fin du pétillement, le colorant alimentaire. Le liquide va alors bouger. Mettez un objet dedans : s'il y a assez de bulles pour le porter (grâce au gaz carbonique), il va flotter. Faites des tests avec d'autres objets pour voir ce qui se passe.

CONSEIL : quand le mélange deviendra moins actif, rajoutez doucement 1 autre cuillère à café de bicarbonate de soude.

• Nettoyer les peluches

• 110 G DE BICARBONATE DE SOUDE

Les peluches ne passent pas toujours à la machine à laver — d'où la difficulté de les nettoyer. Pour y remédier, glissez-les dans un sac en plastique avec 110 g de bicarbonate de soude et nouez le sac. Secouez celui-ci et laissez reposer toute une nuit. Le lendemain, brossez les peluches pour enlever la poudre.

Voir aussi : Désinfecter des jouets de bébé (vinaigre), p. 124.

• Réaliser un bateau magique

- 4 À 5 CUILLÈRES À CAFÉ BIEN PLEINES DE BICARBONATE DE SOUDE
- 4 À 5 MORCEAUX DE PAPIER TOILETTE
- 1 BOUTEILLE EN PLASTIQUE DE 500 ML
- 60 ML DE VINAIGRE

Voici une activité rigolote à faire dans une piscine d'enfants ou dans une baignoire... Posez les morceaux de papier toilette sur une table et versez la cuillerée de bicarbonate au centre de chacun d'eux. Prenez les quatre coins du morceau de papier, tournez la base sur elle-même plusieurs fois pour former une petite bourse et glissez-la délicatement dans la bouteille. Répétez l'opération avec chaque morceau. Lorsqu'ils seront tous dans la bouteille, versez-y le vinaigre et vissez le bouchon en ne faisant qu'un tour pour que l'air puisse passer. Posez la bouteille sur le flanc dans l'eau : elle va se déplacer toute seule sous l'effet des millions de bulles produites par la réaction chimique qui se déroule à l'intérieur et qui vont s'échapper par le bouchon.

CONSEIL : Lestez la bouteille avec des billes pour que le fond reste bien dans l'eau.

Pour les animaux domestiques

• Désodoriser un couffin

• 110 G DE BICARBONATE DE SOUDE

Pour ne pas se laisser envahir par l'odeur de nos compagnons à quatre pattes, rien de tel qu'un peu de bicarbonate entre deux lavages. Saupoudrez-en leur couffin et laissez agir le temps qu'il absorbe les mauvaises odeurs. Puis secouez-le pour éliminer la poudre ou aspirez-le pour enlever aussi les poils.

Voir aussi : Nettoyer un couffin (sel), p. 51.

• Désodoriser une litière

• 220 G DE BICARBONATE DE SOUDE

Il est inutile d'acheter de la litière parfumée quand on a du bicarbonate sous la main. Remplissez à moitié le bac à litière et versez dessus le bicarbonate, puis recouvrez avec une autre couche de litière.

Voir aussi : Le bicarbonate de soude : que fait-il d'autre ?, encadré ci-contre.

• Nettoyer des vomissures

- QUELQUES POIGNÉES DE BICARBONATE DE SOUDE
- DU PAPIER ABSORBANT
- DE L'EAU DE SELTZ

Lorsque votre chat ou votre chien a vomi, ayez le réflexe « bicarbonate de soude ». Saupoudrez-en sur les taches pour neutraliser les acides et absorber un peu de liquide. Laissez sécher, ramassez le plus gros avec du papier absorbant puis aspirez. Si des taches persistent, mouillez avec un peu d'eau de Seltz et tamponnez avec du papier absorbant.

CONSEIL : Surtout ne frottez pas les taches tant qu'elles sont encore humides car cela risque de les faire pénétrer davantage.

Voir aussi : Empêcher un chat de ruiner les plantes d'intérieur (citron), p. 91 ; Empêcher un chat de faire des dégâts (vinaigre), p. 126.

LE BICARBONATE DE SOUDE : QUE FAIT-IL D'AUTRE ?

Éliminer les odeurs de chien mouillé Pour que votre chien ne dégage plus cette odeur désagréable de poils mouillés, essuyez-le avec une serviette puis saupoudrez-le avec un peu de bicarbonate de soude.

Nettoyer la cage de votre petit rongeur Videz entièrement la cage et remplissez un récipient d'eau chaude. Ajoutez 110 g de bicarbonate et quelques gouttes de liquide vaisselle. Puis lavez la cage et ses accessoires avec ce mélange à l'aide d'une brosse douce. Rincez abondamment à l'eau chaude et séchez avec un chiffon doux.

Pour le plein air et le jardin

• Éteindre un feu de barbecue

• 1 CUILLÈRE À CAFÉ DE BICARBONATE DE SOUDE
• 500 ML D'EAU

Que faire quand la graisse de la viande coule sur le charbon et s'enflamme ? Instinctivement, on a envie d'y verser de l'eau ; or, cela risque d'avoir l'effet inverse et de produire des flammes encore plus hautes, sans parler du fait que vous devrez renoncer à griller quoi que ce soit après ! Le mieux, c'est d'avoir un vaporisateur rempli d'eau et de bicarbonate sous la main. Vaporisez légèrement toute flamme naissante pour que le bicarbonate l'éteigne sans noyer complètement le charbon.

Voir aussi : Le sel : que fait-il d'autre ?, p. 57.

• Nettoyer le mobilier de jardin

• 55 G DE BICARBONATE DE SOUDE
• 1 L D'EAU CHAUDE

Si votre salon de jardin a l'air d'avoir essuyé une tempête alors qu'arrive enfin la belle saison, offrez-lui un bain de bicarbonate…

POUR LE DÉVELOPPEMENT DURABLE

En plus d'être polyvalent à la maison, le bicarbonate de soude a de multiples applications pour rendre notre planète plus propre. On l'utilise, par exemple, pour enlever les graffitis car il est beaucoup moins toxique que de nombreux nettoyants industriels. Il aide aussi à purifier l'eau et à éliminer les produits acides provenant des fumées d'usines.

Mélangez le bicarbonate de soude avec l'eau chaude jusqu'à ce qu'il soit bien dissous. Frottez vos meubles avec cette solution puis rincez-les à l'eau.

Voir aussi : Empêcher des meubles en osier de jaunir (sel), p. 53.

• Nettoyer les taches d'huile

- 440 G DE BICARBONATE DE SOUDE
- 400 G DE MAÏZENA

LE BICARBONATE DE SOUDE : QUE FAIT-IL D'AUTRE ?

Manipuler une vieille batterie en toute sécurité
Comment changer une vieille batterie portant des traces de corrosion sans risquer de se mettre de l'acide sur les mains ? En la saupoudrant d'une couche de bicarbonate de soude pour colmater les fuites éventuelles. Attendez que le bicarbonate ait cessé de mousser et nettoyez avec du papier absorbant (avec 400 g de bicarbonate, on neutralise environ 500 ml d'acide).

Si le réservoir d'huile de votre voiture fuit, il y a sans doute des traces dans votre garage ou sur le trottoir. Pour y remédier, mélangez le bicarbonate et la Maïzena dans un grand récipient en plastique (les quantités indiquées devraient pouvoir traiter plusieurs taches). Saupoudrez-en légèrement les taches fraîches pour les absorber. Laissez sécher toute la nuit. Pour finir, donnez un coup de balai ou aspirez le reste.

• Protéger les accessoires de plage

- 1 POIGNÉE DE BICARBONATE DE SOUDE

Les jouets gonflables, les matelas pneumatiques, les bouées... sont susceptibles de moisir une fois dégonflés et remisés pour l'hiver. Aussi, faites-les sécher au soleil puis saupoudrez-les de bicarbonate de soude avant de les rouler et de les ranger afin de les protéger de l'humidité.

• Protéger ses rosiers

- 1 GROSSE CUILLÈRE À CAFÉ DE BICARBONATE DE SOUDE
- QUELQUES GOUTTES DE LIQUIDE VAISSELLE
- 2 L D'EAU CHAUDE

Les rosiers sont la cible d'un champignon qui provoque l'apparition de taches noires. Si l'on n'y prend pas garde, il peut entraîner la chute des feuilles et même s'attaquer aux fleurs. Sans parler du fait qu'un rosier malade a beaucoup de mal à résister à l'hiver. Pour empêcher ce champignon de sévir, mélangez dans un vaporisateur le bicarbonate, le liquide vaisselle et l'eau et vaporisez-en les feuilles 1 fois par semaine, tôt le matin.

LE BICARBONATE DE SOUDE : QUE FAIT-IL D'AUTRE ?

Se débarrasser des mauvaises herbes Vaporisez un fin nuage d'eau sur les mauvaises herbes, juste pour les humidifier. Puis remplissez une chaussette avec 110 g de bicarbonate de soude et tapotez-la doucement avec la main pour faire tomber un peu de poudre sur les plantes à éradiquer.

Voir aussi : Le vinaigre : que fait-il d'autre ?, p. 130.

Vérifier le taux d'acidité de la terre Certaines plantes, surtout les géraniums, les bégonias et les hortensias, préfèrent les sols légèrement alcalins. Pour connaître le taux d'acidité de la terre dans laquelle elles sont plantées, mettez-en 1 bonne poignée dans un petit bol. Ajoutez-y quelques gouttes d'eau et 1 pincée de bicarbonate de soude. S'il mousse, c'est que le taux de pH de la terre est un peu acide (moins de 5). Pour rééquilibrer son pH, versez 1 cuillère à soupe de bicarbonate de soude dans 4 litres d'eau et arrosez vos plantes toutes les 2 semaines avec. Vous serez étonné(e) du résultat !

• Obtenir des tomates plus sucrées

- 1 CUILLÈRE À CAFÉ DE BICARBONATE DE SOUDE

Pour rendre vos tomates encore plus succulentes, mélangez le bicarbonate au terreau quand vous plantez les pieds. Vous obtiendrez ainsi des tomates plus sucrées en été car le bicarbonate fait baisser le taux d'acidité.

LE BICARBONATE DE SOUDE : QUE FAIT-IL D'AUTRE ?

Éliminer les odeurs du compost Le compost, que les jardiniers surnomment « l'or noir » pour son incroyable capacité à enrichir la terre et à nourrir les plantes, peut aussi produire des odeurs pestilentielles à cause de l'action des bactéries sur les débris végétaux. Pour neutraliser ces odeurs et faire baisser le taux d'acidité du compost, ajoutez quelques cuillères de bicarbonate de soude à chaque fois que vous le manipulez.

Calendrier des tâches domestiques

Beaucoup de recettes de ce livre sont plus efficaces quand on les fait de façon régulière. Ce pense-bête spécial entretien et maintenance ne comporte bien sûr pas toutes les tâches qu'il faut faire dans une maison, car à chaque maison ses spécificités. Alors, à vous de l'adapter en fonction de vos besoins. Le but, c'est d'avoir un planning et de le respecter !

CALENDRIER DES TACHES DOMESTIQUES
CHAQUE JOUR
Nettoyer les éviers et les surfaces de travail
Laver les casseroles et les poêles
1 À 2 FOIS PAR SEMAINE
Nettoyer la cafetière
Nettoyer les planches à découper
Désodoriser les poubelles
Désodoriser les tapis et les tissus d'ameublement
Laver les sols
Nettoyer les miroirs et les surfaces en verre
Nettoyer les toilettes
Nettoyer la baignoire ou le bac à douche
Laver les draps et les serviettes
1 FOIS PAR MOIS
Nettoyer le réfrigérateur
Détartrer la bouilloire
Nettoyer le carrelage de la salle de bains
Nettoyer la pomme de douche
Nettoyer les brosses à dents et à cheveux
Nettoyer les stores
Réactiver la fosse septique
Désodoriser les couffins d'animaux
Nettoyer les essuie-glaces
Désodoriser les humidificateurs

	SEL	CITRON	VINAIGRE	BICARBONATE DE SOUDE
	page 46	page 81	pages 112-113	pages 155 et 157
	pages 43-44	page 82		pages 154-155
	page 45		page 121-122	
	page 47	page 89	page 123	
		page 80		page 153
				page 152
			page 118	
		page 83	pages 118-119	
				page 156
		page 84		page 158
	pages 29-30	pages 67-68	page 105	page 141
	page 47			page 151
			page 121	
				page 156
			page 122	
			page 108	page 148
			page 118	
				page 153
	page 51			page 162
			page 128	
		page 80		

CALENDRIER DES TACHES DOMESTIQUES
AU PRINTEMPS
Nettoyer les vitres
Cirer les surfaces en bois et nettoyer les murs et les stores
Tester l'acidité du sol et rectifier si nécessaire
Protéger les rosiers
Planter des tomates
Ranger les affaires d'hiver
EN ÉTÉ
Faire la chasse aux fourmis et aux insectes en tous genres
Neutraliser les odeurs du compost
Détruire les mauvaises herbes
Nettoyer le mobilier de jardin
EN AUTOMNE
Nettoyer les vitres
Cirer les surfaces en bois et nettoyer les murs et les stores
Nettoyer et ranger les accessoires de plage
Nettoyer et ranger le mobilier de jardin
EN HIVER
Protéger sa voiture du gel
Enlever la neige des trottoirs
Nettoyer et entretenir les chaussures en cuir
Ranger les décorations de Noël

	SEL	CITRON	VINAIGRE	BICARBONATE DE SOUDE
		page 83	pages 118-119	
		page 80	page 117	
				page 167
				page 166
				page 167
		pages 69-70		page 189
	page 57	pages 88 et 94	page 128	
				page 168
	page 54		page 130	page 167
				page 164
		page 83	pages 118-119	
		page 80	page 117	
				page 166
	pages 53-54			
	page 53			
	page 56			
			page 102	
				page 159

Table des matières

Pour le ménage, l'entretien et le petit bricolage 38

Pour l'éditeur, le principe est d'utiliser des papiers composé de fibres naturelles renouvelables, recyclables et fabriquées à partir de bois issus de forêts qui adoptent un système d'amenagement durable. En outre, l'éditeur attend de ses fournisseurss de papier qu'il s'inscrivent dans une démarche de certification environnementale reconnue.

Imprimé en Allemagne par GGP Media GmbH, Poessneck
ISBN : 978-2-501-08560-1
4127742 / 03
Mars 2013